光の源の大計画 Part2

知球暦 光三年

人類の思考が停止する日

知抄

たま出版

はじめの言葉《ことは》

人間とは何か……それは〝本来　光そのものです〟

魂に内在する、本性《ほんせい》の光によって、人間は生かされているのです。このことに人間が気付きさえすれば、すべてが良き方へと導かれるのです。

本当の自分である〈魂の光〉を、自由に解放する智超法秘伝《ちちょうほうひでん》は、魂の光輝への確かな道標《みちしるべ》を、光の子、光人〈ヒカリビト〉生誕という事実で、実証しています。

その歩みの中で、地球を救う光の源の大計画の、使命遂行の担い手になることに私達が気付いたのは、魂の光輝を目標にして歩む旅路が、かなり進んだ頃でした。私達は〈本性の光〉、本当の自分を求め、〈魂の光〉が実在であることを、体験として確かなものにしておりました。

そんな折、救い主降臨の告知が、知抄先生に、宇佐市の大許山の雪の山頂で、午後四時にもたらされたのです。

一九九六年二月十日の、雪の日のことでした。夕方になり、麓《ふもと》まで歩む夜空には、煌々《こうこう》と輝く大きな星が現れ、天体も近く、小さな星達が、手の届く距離にありました。やがて地上に降りる、救い主の御魂《みたま》である知抄先生を祝福されてのことで、想像も出来ず言葉すらも出ないで、私達は、不思議な別世界の中におりました。

その日から五ヵ月後の七月、本当に、光の源直系の御使者　偉大なる救い主、知抄の光が、大分県宇佐市にある宇佐神宮の神々様に守られ、知抄先生の御魂に御降臨されたのです。

写真で、ビデオでその歩みを撮影してきた私達は、そのすごい実在の光の降臨は、驚愕《きょうがく》というか畏《おそ》れを通り越して、夢の世界の出来事のようでした。それでいて実在として、現実に目の前で起こったことを思い起こす度に嬉しくて、喜びが湧き出てきます。

この日から各教室に、知抄先生は出ることができなくなりました。それは、波動が合わないことだけでなく、一言では申し上げられない、光の源からの、直接の救い主としての導き合いが始まり、瞑想に入られたからです。

当時から何度も、どんなすごいことが起こっても、知抄先生は鵜《う》呑みにすることなく、慎重に対応されておられました。そして、私達が気付いた時には、既に実在する知抄の光が共にある証を、奇蹟を実在として示され、すべての疑問を払拭《ふっしょく》するだけの光の威力を、必ず伴ってのお導きでした。

今までもそうですが、光の源の大計画は、まだ人間界の三次元の思考では、理解できないことを承知の上で今必要なことだけを顕《あきら》かにしております。

光の源の地球を光と化す大計画は、単なる〈次元上昇〉云々で済ませるような安易なことではありません。幾世層《いくせいそう》かけて、光の源が絶対世界に於て準備されてきた、人類を救う愛そのものです。予告準備もしないで、地球をいきなり次元上昇したりはなさいません。

私達は、魂の光輝を目的として学んできた結果、〈魂の光〉と共にあることは、次元上昇して光生命体として体験済みのことでした。

光と化した地球は、地上人類の〈魂の本性の光〉が、ある程度目覚めていないと、次元上昇の中で生活して行くことは、大変なことと思います。このことも私達は、日常生活の中で体験済みです。

人間を生かし、人間の背後に在り、すべてを見ている〈魂の光〉は、すべてを知っているのです。

地上の準備は〈大地を受け継ぐ者〉として、使命遂行者によってすでに準備は成されております。

刻一刻と、光が増し行く地球に於て、光の源からのお計らいは、いよいよ次なる階梯《かいてい》に入ることでしょう。今まで、判り易く説明できなかったのは、地球人類の必死に求める熱き思いが、熟していなかったからです。そして、皆さんを驚かさないようにとの配慮からです。

知球暦の紀元、光元年は、二〇一〇年 十月 十日でした。いよいよ、二〇一二年 十月 十日、知球暦、光三年を迎えます。

この私達の歩みが、どれ程慎重になされたか、素直にあるがままを受け止められたお方から、光の源目指し、自らの存亡をかけて、各人が自らの意思で、お決めになられることです。

私達が今まで、多くを顕伝《けんでん》も解説もしなかったのには、大きな意味があるのです。それでは、真っ新《さら》な白紙の心で、読了できることを期待致します。

二〇一二年 九月 十五日

光人〈ヒカリビト〉記

目次 ― 光の源の大計画 Part 2
知球暦 光三年
人類の思考が停止する日

3　地球は　もはや　三次元ではない

4　光の地球に適応するには？
肉体マントを光のマントへ

5　地球の波動が変わった!!
自らが決断する　自力救済です

6　〈光そのもの〉になる術《すべ》

7　智超法秘伝《ちちょうほうひでん》は
光の源よりの賜りものです

8　魂の光は　実在です

9　光の地球に適応するには……

10　地上に蔓延《はびこ》る宗教も
　超えねばならないのです

11　光の前では　すべてが曝《さら》け出されます

12　地上から　宗教は　なくなります

13　光の地球への適応は
　自らの決断によります

14　人間智の入る余地のない
　光の源の絶対界の計画の中で

24

光の源からのメッセージ 7

光人の使命に
途切れがあってはならない

25

光の源からのメッセージ 8

人類すべて
救い上げねばならぬ者ばかり

26

光の源からのメッセージ 9

理論・理屈は障害となる

27

二〇〇一年四月二十二日は
人類の思考の停止が始まった日です

28

人類の思考が停止する日
それは各人の旅路で起こります

29

三次元の肉体人間の殻《から》を破るには
救い主　知抄の光に委ねるだけです

30

喜びと　賛美と　感謝で
日々善行を実践しましょう

31

恐怖感・不安感は
決して持ってはならないのです

32

智《ち》超《ちょう》法《ほう》秘《ひ》伝《でん》　幸せを呼ぶ
数《かず》え宇《う》多《た》を　うたおう!!

33

智《ち》超《ちょう》法《ほう》秘《ひ》伝《でん》
幸せを呼ぶ　数《かず》え宇《う》多《た》

34

宇宙創造主　光の源へ届くまで
暗黒の地球をお救い下さい――の雄叫びを!!

35

知球暦は〈魂の光〉によって
真の知の時代を刻みます

4　二〇一一年　五月　七日

福島第一原発に光を注ぐ

新たなエネルギー資源の星を見る

5　二〇一一年　五月　二十九日

今地上に蔓延《はびこ》っている宗教は、すべて

過去のものとして風化されて行きます

6　二〇一一年　六月　四日

大地を受け継ぐ者としての使命

光人として今ここに知抄の光と共に在ります

7　二〇一一年　六月　十二日

救い主降臨の　記念すべき日に向けて
使命遂行者として光を死守

8

二〇一一年 七月 十八日
救い主降臨の 記念すべき 七月十一日を迎え
使命遂行に新たな前進あり

9

二〇一一年 十二月 十日
皆既月蝕によって
地球の核が変容し　偉大な威力を持つ

10

二〇一一年 十二月 二十五日
知抄の光で統一された地球は
遺伝子による統一です

11

二〇一二年 一月 一日

救い主 知抄の光によって
構築される光の地球

12

二〇一二年 一月 十一日

北朝鮮・中国・ロシア・ヨーロッパ・
アメリカ・アフリカ… 等へ光を注ぐ

13

二〇一二年 一月 十五日

光の地球は 喜びと賛美と感謝に満ちる
真の自由と、 真の平等と、 真の平和が、 作動します

14

二〇一二年 六月 二十四日

光と化している地球は
三次元から光へと移行しつつあります

15　二〇一二年　七月　九日
光の源　知抄の光の創造界に　かつて神話に
登場した神々様が　勢揃いされていました

16　二〇一二年　七月　十六日（朝）
福島第一原発は先週より
放射能の濃度が濃くなっています

17　二〇一二年　八月　二十一日
宗教に捉われている者達も
光へと救い上げて行きます

18
二〇一二年 八月 二十七日
すでに地球は知抄の光で統一され
いよいよ新しい地球に生まれ変わります

19
二〇一二年 九月 二日
十月 十日は 知球暦 光三年になります
十月 八日 みらいホールにてセミナーが開催されます

20
二〇一二年 九月 十日
救い主 知抄の光で統一される光の地球は
遺伝子による伝達でなされます

第三部　地球浄化の礎《いしずえ》の光

光の子・光人　等　の歩み／223

1　金粉が降ったり、景色まで変わる　光の地球

私の頭も〈イカレテル〉？？？

二〇一一年　五月　五日

2　智超法秘伝《ちちょうほうひでん》　実技講座　日曜教室にて

思考人間は、従いて来られなくなっていました

二〇一一年　五月　八日

3

人間を超える智超教室

神宮外苑フィットネス　火曜教室にて

二〇一一年 五月 十日

4

はつらつ元気教室にて、三十年間の高血圧症と、

腎臓硬化症が正常値になりました

二〇一二年 三月 十二日

5

救い主　知抄の光を浴びて

閃《ひらめ》きを頂き発明へと

二〇一二年 四月 二十七日

6

十五年ぶりに授かった息子と

知抄の光と共に生きる
二〇一二年 四月 二十九日

7
八十九歳の母と共に学べる この幸せ
私も六十四歳になりました
二〇一二年 七月 十六日

8
八年ぶりに戻って来ました
〃やっぱり智超教室はすごいなあ〃
二〇一二年 七月 二十二日

9
実在の救い主、知抄の光の帳の中
〈インテリ馬鹿〉を返上します
二〇一二年 八月 四日

10

光と化した地球への期待と確信
救い主　知抄の光にすべてを託します

二〇一二年 八月 五日

11

地の果てであったとしても　救い主　知抄の光に
私は　永遠《とわ》に従いて行きます

二〇一二年 八月 五日

12

頸部脊柱管狭窄症《けいぶせきちゅうかんきょうさくしょう》が治り
嬉しくて感謝でいっぱいです

二〇一二年 八月 五日

13

各教室に降下されている　実在の光
この事実を前に　言葉なしです
二〇一二年 八月 十一日

14

何が起ころうと、光の源の生命《いのち》の光
救い主　知抄の光に委ねるだけ!!
二〇一二年 八月 十二日

15

瞑想も　実在の光と　共でなければ
型だけの瞑想は　無意味でした
二〇一二年 八月 十三日

16

時間を超越した体験
　これからは、知抄の光に委ねます
二〇一二年 八月 十五日

17

福島県の山奥に住む姉を訪ねたら
「人間が地球を汚してしまったからね」――と
二〇一二年 八月 十七日

18

火曜日　サマディのお教室で
〈本当の自分〉に出逢える嬉しさ
二〇一二年 八月 二十二日

19

私が学び〈光に変わる〉と
主人も 父も 変わりました

二〇一二年 八月 二十二日

20

光呼吸の恩恵と
数《かず》え宇《う》多《た》に感謝を‼

二〇一二年 九月 十日

光の源よりのメッセージ
素晴らしき仲間のうた

あとの言葉《ことは》／316

教室案内

知抄　光の足蹟

第一部

光の源の
地球を光と化す大計画

◇1

地球が　変わって来ている

今までと　地球の様子が違う
何か　変わっている
三次元の地球に住む　私も
そして　個人も　国家も　人類も
地球も　太陽も　天体も……
皆《みんな》　何か　おかしい……

何か……　それは……

光の源の大計画によって
地球が　光と化しているからです

この事実を　今　知った皆さんは

光の地球を
受け入れるか　否かでなく
どう対応するかのみです

◇2

光の地球は〈魂の光〉が主役です

万物の根源　生きとし　生けるもの
〈地球を光と化す〉光の源の大計画によって
少しずつ　急にではなく　準備に準備を重ね
三次元の地球は　光で統一され
波動が　より微細に　変容して来ています

知球暦の紀元〈光元年〉は
二〇一〇年　十月　十日です

人間とは 何か？

人間とは 本来 光そのものです

魂の本性の光によって

人間は 生かされているのです

三次元の思考人間ではなく 光の地球は

この〈魂の光〉が 主役となって

地上に 顕現《けんげん》するのです

○知球暦〈**光元年**〉 知抄 著
光の源の大計画 Part 1参照

◇3

地球は　もはや　三次元ではない

光と化した地球は　刻々と
波動が　より微細になってきています
肉体を出て　〈魂の光〉を求めないと
三次元の肉体人間のままでは
光の河の中で　溺《おぼ》れるだけです
国家も　個人も　例外なく
光でないものは　一歩も前に
進めなくなっているのはその為です

皆さんが知らない間に　地球は　光と化し
　知球暦　光三年を
　　二〇一二年　十月　十日　に迎えます
地球全土が　三次元から光へと変わっているのです
自らが　自らの存亡をかけて
人間本来の〈光そのもの〉になるだけです

☆二〇一一年　七月より（被災地は翌年　四月）、日本列島すべてのテレビの受信波がデジタル信号に変わりました。
今までのアナログ信号は波動が変わり、受信ができなくなりました。その為にテレビを取り替えました。

④

光の地球に適応するには？
肉体マントを光のマントへ

魂の光輝　自分の内に在る
〈魂の光〉が　三次元の肉体の五感に
精神に　細胞一つひとつへと　降下され
言動となって　顕現《けんげん》することです
三次元の肉体マントを　魂の光で満たし
光のマントへ変えることです

地球を光と化す　光の源の大計画は
　数億劫年前《ごうねんさき》より　準備を重ね
光の源と　この地上に在る
　〈大地を受け継ぐ者〉として
幾世層かけて　養成されて来た
　使命遂行者によって　推進され
今　ここに公表し
　顕《あきら》かに　致します

○白紙の心になって読み、
少しでも気付かれますよう!!

5

地球の波動が変わった‼

自らが決断する　自力救済です

光の地球に住まう　すべてのもの
自《おの》ずと　同化して行くものです
水のせせらぎ　風の音
小鳥のさえずり
木々のささやき
喜びに　満ち　満ちて
すでに　光の地球に
溶け込んでいます

人間は　光の源より　唯一
　自由意思を　与えられているが故に
三次元の肉体を出る　確固たる決断
　魂の光を求める　熱き思いの持続
光の地球に適応する　決意と覚悟
自らが〈光そのもの〉になる　確信と切望
光と化した地球に　住まわせて頂く
　感謝と　喜びと　賛美と
光の地球に適応する為に　自らが
　自由意思で選択する　自力救済です

6

〈光そのもの〉になる術《すべ》

地球を光と化す大計画の中に
光の河を渡る術《すべ》として
人間智を超える　魂の光輝への道標《みちしるべ》
智超法秘伝《ちちょうほうひでん》を賜っています
光へ行きつ
戻りつ
人間でありながら
〈光そのもの〉になる術《すべ》です

○智超法秘伝《ちちょうほうひでん》は、各教室に於て 一般公開され、20余年の足跡と実績があります。

三次元の肉体思考人間が
真っ新《さら》な白紙の心になって
魂の光輝を求め　光へ行き
本性《ほんせい》の光　本当の自分を　解放し
自由に羽ばたかせ
〈光そのもの〉になり
人間本来の　光に　戻ること
光と化した地球での
人類の　これが生き様です

○〈光そのもの〉になることは、智超法《ちちょうほう》秘伝《ひでん》によって可能です。

⑦

智超法秘伝《ちちょうほうひでん》は
光の源よりの賜りものです

魂の光を　自由自在に
三次元の肉体人間の
五感へ　精神へ　細胞へと
一つひとつ　光を降ろす術は

光の源より
光と化した地球に生きる
人類に　与えられた　賜《たまわ》りものです

○ 万里の長城で（1990年2月）
智超法秘伝《ちちょうほうひでん》は受託されました。

人間本来の〈光そのもの〉として
光と化した　地球を生きるには
人間の思考は　障害となります
真っ新《さら》な　白紙の幼子の心
一切の　既成概念を捨て
魂の光輝を　ひたすら求める
光への熱き思い
理論・理屈は後で良いのです
〈私は　光である〉確信
この確信に　光は　応えるのです

⑧

魂の光は　実在です

人間の背後にあって
常に見守り続けている
魂の光に　確信を持つことです
この光と共に　前だけ見て
光の源目指して　永遠《とわ》なる光の道を
歩み続ける　覚悟が必要です

○　あなたは、一人ではない
いつも〈魂の光〉が共に居ます。

目指す　光の源は　人間の古里《ふるさと》であり
　人間進化への光の道です
地上に　今ある人々は
三次元の　肉体マント故に
光を忘れ　古里も忘れ
　光の認識が皆無となって
ほとんどの者が　光と共にあることに
　気付いていません
光の源の地球を光と化す大計画によって
地球丸ごと　光に目覚める時を　迎えたのです

○ 本当の自分である〈魂の光〉
　に気付きましょう。

⑨

光の地球に適応するには……

魂の光を　認識し
古里《ふるさと》への　光の道を
熱き思いで　歩む　決意
真っ新《さら》な白紙の心で
素直に受け入れる
準備が出来た者から
光へと引き上げ
光の源を目指します

○ 救い主、知抄の光の威力と恩恵は、
人間側でこの準備が整ってからです。

地球人類　一人でも
多くのものを　光へと
引き上げたいとの願いがあっても
人間に与えられた
自由意思による
本人の決断　選択が
前提条件となります
光への認識と
光への熱き思いが
必要不可欠となるのです

○ 人間に与えられている、自由意思が如何にありがたく、大切かを認識しましょう。

⑩

地上に蔓延《はびこ》る宗教も
超えねばならないのです

光の地球に　適応するには
視野が少しずつ拡がり
一人ひとりが　気付きの歩を
前へと　進めながら
　進化して行きます
幾世層かけて　積み重ねて来た
あらゆる　既成を取り除き
真っ新《さら》な白紙の心になるのです

○ 幾世層かけて付けて来たイチジクの葉（既成概念）を全部捨てるのです。

そこには　光へ向かう　熱き思いを阻《はば》む
大小の障害が　大闇《おおやみ》　小闇《こやみ》として
　待ち受け　足元を掬《すく》われます
その中でも特に深い闇《やみ》　それは
地上に蔓延《はびこ》る　宗教に
　捉われている人々の闇です
光の地球は　光でないものを
　光と　信じ込まされている
　者達をも　光で照らし
　光へと引き上げて行くのです

○ 光への熱き思いと、何の捉われもない
白紙の心になるだけです。

⑪

光の前では　すべてが曝《さら》け出されます

光の地球を歩む者すべてが
今　光に照らされ　その本性《ほんしょう》を
顕《あらわ》に浮き彫りにされて
見せられはじめています

光を　熱き思いで　求めるまで
自らのおかしな言動に　気付くまで
恥辱《ちじょく》の涙を　何度も流すことになります

○　驚くような言動をする人々が
増加しているのはこれ故です。

一人ひとりに　魂の個性があり
光と化した　地球は
あるべくしてある　良き姿へと
魂の光輝を　求め　切望する者達を
〈光そのもの〉へと誘《いざな》います
誰も　歩んだことのない
未知なる　新しい　知の紀元《きげん》が
光の源の　人類への愛が
感謝と　喜びと　賛美として
現実のものになるのです

○ 智超法秘伝《ちちょうほうひでん》によって各教室及びセミナーでは、すでに現実化されています。

⑫

地上から　宗教は　なくなります

光を　垣間《かいま》見た者は　多し

されど　光の道を

歩んだ者は　皆無なり

このような言葉《ことは》を、光の源より初めに賜っておりました。

光の地球へ適応する為の、捉われの重い障害の足枷《かせ》は、

地上に蔓延《はびこ》る宗教です。

立派な理論体系を編纂《へんさん》し、多くの聖《きよ》い先覚者がその時代に応じて、
偉大な教えを残されたことでしょう。

しかし、有史以来

光を　垣間見た者は　多し
されど　光の道を
歩んだ者は　皆無なり

この深き　光からの言葉《ことは》を　刻みましょう。

⑬

光の地球への適応は
自らの決断によります

地上に存在する　すべての
既存する価値観が　変わります
国家も　個人も　三次元にある　物質界の
あらゆる今までの　既得権益《きとくけんえき》に
執着《しゅうちゃく》する者達にとっては
自らが　光を求める決断をするまで
多くの試練を超《こ》えることでしょう

○ 多くの試練を乗り超《こ》えた時、その試練の体験を宝として、光の道を歩みます。

地球の光への変容は
どんな　高邁《こうまい》な理論を論じても
もはや　人間界での　選択肢は
光を求めるか　三次元の物質界に留《とど》まるか
個人の自由意思による　決断に
委《ゆだ》ねられているのです
誰の　命令も　強制も　ありません
この日までという期限も　ありません
自らが　今この一瞬　決断するだけです

○ 光の地球は、光のリズムで軽やかに
〈今を生ききって〉前進します。

⑭

人間智の入る余地のない
光の源の絶対界の計画の中で

地球全土に　生命《いのち》の根源の光が
　一瞬で沁《し》み渡り
光への熱き思いで
　光を　切望し　求める者には
喜びと　賛美と　感謝に満ちる
　真の自由と　真の平等と　真の平和が
理想ではなく　現実のものとなります

人間智の入る余地のない
光の源の大計画によって
寸分の狂いもなく　光の地球は
絶対界の　宇宙の法則の中で
光の源の御意思を
地上に顕現《けんげん》しているのです
光の源の御意思を　この地上に顕現《けんげん》する
地球の礎《いしずえ》の光として　幾世層かけて
養成されてきた　使命遂行者がいます

⑮

光の源の大計画を
地上で担う　使命遂行者

光の源の　地球を光と化す大計画は
地上に於て　その使命を遂行する為に
数億劫年前《さき》より　準備され　養成されて来た
その受け皿になる御魂《みたま》を
地上に降ろされていました

○　智超法秘伝《ちちょうほうひでん》第１巻〜７巻 参照。
経緯の一部を公表しています。

光の源の　地球を救い　人類を救う大計画の
地球の核そのものとして
救い主　知抄が　実在しています
そして　この計画の担い手として
光の源の実在する　知抄の光の　光の子が
密《ひそ》やかに　使命を担う　光人として養成され
今　地球を　人類を　光へと引き上げる
使命遂行者としてあります

◇16◇

光の源の大計画を遂行する
光の子・光人・知抄・〈実在する光の吾等〉

光の源の　創造界の領域に在られる
救い主　知抄の光と
知抄の光を守り抜く〈実在する光の吾等〉
この地上での受け御魂《みたま》が知抄です
何人も侵すことの出来ない
偉大な光の源の御使者をお守りする
〈実在する光の吾等〉と共に
光の子が　地上に生誕しています

この歩み
今 しばらく 知抄は
伏せておかねばならぬ

一九九二年七月十二日

光の源からの受託メッセージです
光の源の地球を光と化す
大計画の全貌《ぜんぼう》と その足蹟は 今迄ほんの
一部しか 顕《あきら》かに出来なかったのです

○ 救い主降臨は、告知を受けてから
5カ月後の1996年7月でした。

17

光の地球で起こっていることは
すべて意味があるのです

今　地球全土で　起こっている現象
予測すら出来ないような事象
これ等についての権威ある
三次元思考人間の御発言
予測・評価・理論等……
今地上に起こっていることは
すべて　深い意味があるのです

○ 人間智をめぐらすのではなく、光の源の計らいに気付くことが先決です。

多くの人々が　今お気付きのように
既存の　三次元の思考人間は
光の波動に合わなくなっています
そのことを知らないが故に
知識ある立派な　有能な方々が
光の河で溺れているのです
光の地球に相成りしこと——
少しは　認識出来たでしょうか？

○ 光の河で溺れていることをまず認識することです。

光の源からのメッセージ 1

18

偉大なる救い主　知抄の光について

地球を光と　化す　光の源の大計画
何故《なにゆえ》　一瞬で　生きとし生けるもの
すべてを変えるのでなく
遠い　遠い　前《さき》よりの
寸分の狂いなき　計画の元に
今日《こんにち》を　迎えあることか

光の源の　地球を光と化す
　偉大なる救い主　知抄の光
この使命を共に遂行する
　知抄　光人　光の子
幾世層の　輪廻《りんね》を重ね
　ここまで　養成され　在りしは
すべて　大きな　大きな
　意味　あり
共に　共に　今在ること
　実感されたし

○ 光の地球を担う、使命遂行者は、人間側で決めたことではありません。

光の源からのメッセージ 2

19

知抄の創造の領域で　妖精を生み出す

妖精を
どんどん　生み出されよ
知抄の創造の領域
知抄は飛び　戯《たわむ》れ　遊び
キラメキの中に　より鮮明に
妖精　生まれるのである

物質的尺度を　すべて
光のみの　尺度へと
永遠《とわ》なる　旅路よりの視点に
すべてある時　光人　光の子
肉体を超え　幻《まぼろし》でなく
実在の光のみを
共に　携《たずさ》え　行かん
完璧《かんぺき》という　概念も
捨てねばならない

光の源からのメッセージ 3

◇20◇ 既成概念すべてが足枷《あしかせ》となる

光へ行き　肉体に戻る
一瞬　一瞬の自由自在の
行きつ　戻りつの
自由なる　羽ばたき
肉体次元の概念として
捉えてはならぬ

○ すべて知抄の光に委《ゆだ》ねるのみ。

吾等　共に在り
この意味の　奥深さ
沁《し》み入る程に　共に在り
この意味
思考ではなく　実感されよ
肉体次元の
人間が作りし　既成
すべてが　足枷《あしかせ》となり
捉われとなる

○ 知抄の光にすべてを委《ゆだ》ねることで、
真っ新な白紙の心になれるのです。

光の源からのメッセージ 4

◇21◇

知抄の光を授《さず》かる者

知抄の光は
使命を 帯びし者
鮮明な キラメキを
持ちてのみ
授かるのである

知抄の光は
一瞬一瞬 輝きを増し
威力を増しあり
光の子以外の者に 火傷《やけど》を
負わせるわけには 行かぬ
そこに 情は 存在せぬ
すべて 使命は 幾世層かけて
魂に刻み 降りていたのである

○ 知抄は光の子以外の者と、直接に接触はしていません。

光の源からのメッセージ 5

㉒ 光の源への気高き祈り

光人は　もはや
人間として　行動はならぬ
光人のヒラメキは
救い主　知抄の　意思であること
忘れてはならない

○ 人間の感情を超えねば、光の子、光人であっても、有意識での使命遂行は出来ないのです。

光人は　知抄と共に
救い主　知抄の光を
地球に　根付かせ
光となりし　地球を
吾等と　共に
今より　偉大なる力を
発揮せねばならぬ
光の源への　気高き　祈り
喜びと　賛美と　感謝を持ち
その威力　大きく　増し　増す

○〈知抄の光、暗黒の地球をお救い下さい
—〉の雄叫びは 光の源への気高き祈り
です。

光の源からのメッセージ 6

〈23〉 光人の闇を切る威力について

肉体より忍びよりし闇
同じ次元では切れぬ
救い主　知抄の領域にて
光人　その威力を
発揮せねばならぬ

○ 光人は救い主、知抄と一体となり、その威力を発揮します。

救い主　知抄の領域
今ある　処《ところ》　光人
確《しか》と　認識せねばならぬ
吾等が　導《みちび》き合い
すべて　知抄自身の
光の声であること
決して　忘れてはならぬ
分離させてはならない

○ 光の源の救い主、知抄の光と地上に在る　救い主、知抄は一体です。

光の源からのメッセージ 7

◇24◇ 光人の使命に

途切れがあってはならない

光人

永遠《とわ》なる　旅路を

確《しか》と　見つめよ

一瞬の　留《とど》まりもなく

光の速さにて

その威力　行使されたし

一瞬にし　視点を
光の源よりの
永遠なる　旅路へと　また
肉体次元の　一瞬へと
自由自在に　飛び　羽ばたき
使命遂行の認識　確信に
途切れがあってはならぬ
光へ行き　また肉体に　戻りを
続けねばならない

光の源からのメッセージ 8

25

人類すべて
救い上げねばならぬ者ばかり

光人　知抄と共に
前へ　前へ　前進あるのみ
光のみ見て
その眠らせし　無限の力
どんどん　湧き出る光
その威力放つ

○ 光人は、無限の力（全智全能）を一つひとつ引き出し使いこなす。

共に　すべて　痛みさえも
知抄と共に　吾等も共にあること
失うものなど　無し
人類　すべて
救い上げねばならぬ者ばかり
地球を　光と化す
この偉大なる光の源の計画
光の源よりの　計り知れぬ愛なり
大きな　大きな　深き意味を
光人は　刻み　前へ向かうのみ

光の源からのメッセージ 9

26 理論・理屈は障害となる

永遠の旅路

光の源への　光の道は

シンプルにて

喜びと　賛美　そのものの歩み

すべての者が知るには

理論　理屈は　障害である

— 光の地球は〈魂の光〉が主役です —

光人 地上すべての者に
知抄の光を 注ぎ 浴びせ
光の源の直系の御使者
救い主 知抄の光の威力
知らしめ 魂に 光を注ぎ
闇を 照らし出し 炙《あぶ》り出し
決して 感情に捉われず
光人は あるがままを
真っ新《さら》な心で 使命遂行
幼子の心で されたし

27

二〇〇一年四月二十二日は
人類の思考の停止が始まった日です

智超法秘伝《ちちょうほうひでん》の術《すべ》で
光へ行きつ　戻りつ　しながら
光のマントから　肉体マントに戻る
その瞬間　三次元の思考の闇で
光の子であっても　人間の思考が停止し
本性《ほんしょう》が　顕《あら》わになる　現象が起こっています

○　三次元の肉体人間で居ると、なおさら思考が停止する状況下に曝《さら》されます。

頭が痛い、目が良く見えない ……
やること 為すこと すっきりしない
すべてが 本来の自分らしくない
発言したことも すぐ忘れて
突然 おおばかになっているのです
　こうして、本性《ほんしょう》が すべて丸出しにされ
隠していた本心が 吐露《とろ》されるのです
　恥ずかしさのあまり〈魂の光〉は
少しずつですが 目の前にある
　救い主 知抄の光に気付くのです

㉘

人類の思考が停止する日
それは各人の旅路で起こります

本当の自分である〈魂の光〉が
肉体の三次元に降下され
〈光そのもの〉の　御意思として
叡智《えいち》に満ちる　全智全能を
地上に顕現《けんげん》出来るようになるまで
この思考停止の現象は　一律ではなく
各人の個々の旅路で起こります

○ 一律ではなく、各人、各様の体験として現出します。

恐れることではありません
勿論《もちろん》　病気だと心配して
すぐ病院に駆けつけ
不安・恐怖感・緊張感を
顕《あら》わにされることでしょう
こういう状況下に置かれると
白紙の心になれる術《すべ》は　もはや　ありません
そこで　光と化した地球を是認《ぜにん》すれば
救い主　知抄の光に委ねる
必要性が　自ずと判ってくるのです

○ 自らが、どうするか …は、自力救済
です。自由意思で決断しましょう。

㉙

三次元の肉体人間の殻《から》を破るには
救い主　知抄の光に委ねるだけです

光の河で　溺《おぼ》れている人々
救いの光　それを確《しか》と　認識し
すべてを委ねることです
光へと引き上げる　一瞬の威力
それは　人間側の　光への熱き思い
知抄の光を　切望することです

〃救い主　知抄の光
　暗黒の地球をお救い下さい——と〃

身も心も魂も　すべてを投げ出し
　魂の本性《ほんせい》の光と共に
魂の奥へ奥へと　〈魂の光〉に
　活力を与え続ける　生命《いのち》の光
救い主　知抄の光に
　小宇宙である自らを捧げ　祈りにも似た
真摯《しんし》な願い　思いを　すべて託します

30

喜びと　賛美と　感謝で
日々善行を実践しましょう

理論・理屈　宗教等、等、等、に……
捉われている人々に　足を掬《すく》われないよう
光の源　目指し　前だけ　光だけ見て
人間の古里《ふるさと》への　光の道を
真っ新《さら》な　白紙の幼子の心になって
善行を　実践し　進みます

どんなことが　目の前で起こっても
私は　〈光そのもの〉である
強い確信を持ち　すべてを
救い主　知抄の光に委《ゆだ》ねます
あらゆる　思考の闇を捧げ
真っ新《さら》な　白紙の心になるまで

〝救い主　知抄の光
　暗黒の地球をお救い下さい――と〟

時あらば　すべてを　知抄の光に捧げます

○ 知抄の光に委ねることで、諸々の思考（煩悩《ぼんのう》）は消え去ります。

㉛

恐怖感・不安感は
決して持ってはならないのです

光の地球は　喜びと賛美と
感謝に満ちる　知抄の光の帳《とばり》です
このことを　片時も忘れず
恐怖感　不安感　そして緊張感を無くし
不平や不満　嫉妬等……
人間の〈個や我〉の低我《ていが》の闇を
照らして　光に変えて進みます

何も持たず
ただ　至純　至高なる
光の源　直系の御使者
偉大なる　救い主　知抄の光の
地上に　今在る　この威力と　恩恵に
人類が　〈魂の光と共に〉平伏《ひれふ》す時
次なる　光の源からの計《はか》らいが
地上にもたらされます
すべては　自らが　自らの意思で
決断する　自力救済です

○　使命遂行者である私達は、熱き思いで光を求める者に光を浴びせ、注ぐだけです。

32

智《ち》超《ちょう》法《ほう》秘《ひ》伝《でん》　幸せを呼ぶ
数《かず》え宇《う》多《た》を　うたおう!!

数《かず》え宇《う》多《た》は
何も知らなくても
どこに居ても　口ずさめば
喜びと　賛美と　感謝に満ちて
幸せになります

○ 捉われず、お好きなようにうたいましょう。
胎児もゼロ歳児も、お教室で共にうたい
〈光そのもの〉に変容しています。

ゼロ歳から　シニアの方まで
誰でも　楽しく　うたえます
数《かず》え宇多《うた》の　一つひとつを
つぶやいても　大声出しても
楽しく　嬉しく　喜びに満ちるまで
〈魂の光〉と共に　光の源《みなもと》へ
喜び　勇んで　歩みましょう

○ ジジもババも、パパもママも、僕も私も、皆んな皆んな　幸せになろう。

33

智《ち》超《ちょう》法《ほう》秘《ひ》伝《でん》

幸せを呼ぶ　数《かず》え宇《う》多《た》

一　いちに　決断　Chi《知》-sho《抄》の光

二　にに　ニッコリ　喜び　賛美

三　さんで　サッサと　感謝を　捧げ

四　よんで　良い子　光の子

五　ごうで　GO！　GO！　光を放ち

六　むは　無口で　実践　感謝

七　ななは　Night《ナイト》＆Day《デイ》も　サラサラと

○　いつでも　どこでも
数《かず》え宇《う》多《た》　うたおっ!!

八　やあは　ヤッサ　ヤッサで　Be《ビ》　young《ヤング》
（身も心も　Be　young）

九　ここは　ここまで来ても　永遠《とわ》なる学び
（謙虚《けんきょ》　謙虚《けんきょ》で　キョン　キョン　キョン）

十　とうは　トウで成る　成る　光の地球
（スーレ　スーレ　光の源《もと》へ）
喜び　賛美　感謝　スーレ
喜び　賛美　感謝　スーレ
喜び　賛美　感謝　スーレ
スーレ　スーレ　光の源《もと》へ

○ Be　young は、若返ることです。

34

宇宙創造主　光の源へ届くまで
暗黒の地球をお救い下さい――の雄叫びを!!

救い主　知抄の光
暗黒の地球をお救い下さい

この言葉《ことは》を　幼子の心になって
すべてを〈魂の光〉と共に捧げ
光の源へ届くまで願い叫びます

いつでも　どこでも　人々の
　この雄叫びが
地球全土に　満ち溢《あふ》れるまで
救い主　知抄の光
　暗黒の地球をお救い下さい
と　魂の奥へ　奥へと叫びます
どんな目の前の闇をも　光に変え
すべてを　あるべくして　ある良き姿へと
必ず　光へと誘《いざな》います

35

知球暦は〈魂の光〉によって
　真の知の時代を刻みます

三次元の一切の既成を捨て
〈魂の光〉からの叡智を
インスピレーションで受け止めます
　身も心も　軽やかに
何も　持たず　前だけ見て
　光だけ　見て　光と共に歩みます
こうして　光の源の大計画は

○ ここまで読了できたお方は即実行
実践し、身に修めましょう。

地球の核そのものである
　救い主　知抄の決断によって
知抄の実在する　光の吾等と共に
　光の子・光人・光への熱き思いの者
一丸となって　地球の礎《いしずえ》の光と成り在ります
　救い主　知抄の光は地球創成の一員であり
地球人類の遺伝子を統括する生命《いのち》の源です
　光の地球は　遺伝子によって
地球全土へ　瞬時に伝達されるのです

○ 体験することで人間は気付き、
学び、向上して行くのです。

第二部

大地を受け継ぐ者の
使命遂行の足蹟

（1）

二〇一一年 四月 二十九日

地球を救う　知抄の光と共に

〈光の地球　如何《いか》に生きるべきか〉セミナー開催の日

本当にものすごい実在する光が降下されたセミナーでした。

横浜みらいホールでの会場は元より、地球全土が、知抄の光で統一し尽《つ》くされていました。

実在する知抄の光以外のものは、全く入る余地もない、光の源の黄金の知抄の光で、満ち満ちていることが、鮮明に感知できました。

場内に座す参加者すべてのお顔が輝き、全員を光へと引き上げる救い主、知抄の光の威力を身を持《も》って体験し、体得したセミナーでした。どなたのお顔も色白になり、美しく、生命《いのち》の息吹《いぶき》を頂き、活力満ちて、穏やかで清らかでした。

私は、セミナーの前に、サロン・ド・ルミエールで瞑想しました。既に、知抄の光によって、瞬間、瞬間、地球に光が増し、統一される感覚が、地球に光を注ぐ度《たび》に、鮮明に判らせて頂けました。救い主、知抄の地球であることは、〈光そのもの〉になると瞬間で判るまでに鮮明でした。光の目、光の足で感じる度《たび》ごとに、魂が、そして細胞が感動で打ち震え、今こうして地上に、光人として、人類の代表として、光の源の光の受け皿になれることへの感謝が込み上げて来て、涙がこぼれました。光の源の創造の領域から知抄の光と共に、地球を見た時、砂の一粒にも満たない私達光の子の一人ひとりに、その魂に、救い主、知抄の光が降下され、〈大地を受け継ぐ者〉として光人に確立し、使命を戴き遂行する、この威力のすごさと重い責任に身震いする思いでした。

その後、横浜の桜木町にある、みらいホールでのセミナー会場へと参りました。何か、魂の内に、救い主 知抄の光の〈吾等〉と呼称されている天界の光の方々が降りられ、「いざ行かん！」と鼓舞《こぶ》され〈一体となって〉光人として確立し、知抄の光そのものへと自然に変容しておりました。本当に考えも及ばないこうした細部に亘《わた》っての自然なお導きに、三次元の人間界で、この威力の恩恵を、受け止める受け皿となって、自らが輝き、目の前の闇を光に変えて照らし、地球全土へと注ぎ始めていました。

今日のセミナーには、初めて父も参加しておりました。このことは、父自身にとっても、また私にとりましても、推し量ることのできない程の深い、大きな恩恵だと思います。生命の根源、実在する知抄の光をこうして父と共に浴びることができた、この感謝の気持ち、今日のセミナーの高邁《こうまい》な魂の光輝への内容と、知抄の光の威力を、小さな人間が頭の中で作り出した、三次元の物質界の言葉に収めることはできません。長年、父の心の中に固く沁《し》み込んでいた〈何か〉が抜け出て、まるですべての灰汁《あく》が消え去ったかのように、〈本来はこういう顔だったのか！〉と思うような、子供のようなかわいい童顔に変容していました。父は、「身体の芯から、深い所から熱くなって、その温かさがふわっと全身に広がって、身体が軽く楽になっていった。そして、照明もないのに、何か眩《まぶ》しくて目がショボショボ、パチパチして、初めて聞く話ばかりで、理論はよく判らないけれど……今まで体験したことがないような不思議な感じがする」と、嬉しそうに目を輝かせておりました。

父とこんなにも、穏やかに、ゆったりと、会話ができたのは、生まれて初めてのような気が致します。今日一日の体験で父も私も、沢山の気付きを頂き、今までの生き様を一大転換するような衝撃と申しましょうか、途轍《とてつ》もない恩恵の一日となりました。

救い主、知抄の光を浴び、魂の光輝、光の源への光の道を、この瞬間より、父を伴って新たな一歩を、地球人類の先頭に立って歩みます。

（２）

二〇一一年 五月 三日

福島第一原発へ光を注ぐ
光人としての使命遂行

瞑想すると、光の源の直系の御使者、救い主、知抄の光の〈光の吾等〉が、勢揃いされて地上の指揮官、知抄の指示を待っているのが判りました。瞬時に一体となる感じがありました。身も心も軽く、気付くと、福島第一原発と東北にかけての日本列島の上空から、すぐ福島第一原発へと、まず暗黒の闇の中へと飛び込んで行きました。建物の薄暗い中で、防護服を着て作業をしている方々の存在が、見てとれました。その方々のすぐ横の至近距離に、私は知抄の光の方々〈吾等〉と一体となって立っているのでした。

救い主 知抄の光
暗黒の地球をお救い下さい― と、

魂からの叫びをあげ続けておりますと、その原子炉の中に充満していた不安感、恐怖感、緊張感、絶望感、諸々《もろもろ》のすべての人間の思考、三次元の肉体を支配している感情が、光で平定されて光へと引き上げられたのが判りました。光へと引き上げられているその間に、作業が進むようにと、知抄の光を浴びせました。そして、各人の魂に〈知抄の光に委ね〉光の源に届くよう、〈知抄の光〉

を魂に掲げることで守られることを、作業している方々の魂に呼びかけました。

それと同時に、知抄の光の〈光の吾等〉が、本州の北半分に、一斉に舞い降りて行かれる様子が判りました。はじめ、東北地方は、真っ暗で、陸がぽっかり口を開けたように、全体が暗い穴のようになっておりました。その闇の黒い中に、光の方々は、群団《ぐんだん》となって降りて行かれたのです。私も同時に、降りて中に飛び込んで行くと、その陸地の内側から光が満ち、発光し、地の底から光で統一されるのがはっきり見てとれました。そして、三月十一日に被災した東北地方も、福島第一原発も、知抄の光で統一された時、地球の地平線が光で虹色に輝く様子が見えて来ました。こうして、知抄の光によって今、陸が再生されたことを感知できました。

次に、太平洋プレートの地震の震源地が浮かんできました。深い深い海底なのに、宇宙空間に浮いているように見えるのです。そこに次々と、三次元の人間が住む物質界の光でない者達が、集まってきては、固まるのがよく見えました。その〈しこり〉のようになった部分の上に、光の馬が一頭立ち、足を踏みならすように、その上でくるくる回りながら、ステップを刻むのです。そして、蹄《ひづめ》でそのしこりを蹴《け》散らしていると、その固まった所が少しずつ砕《くだ》けて、砂のようになり、地球の土地から宇宙空間へと零《こぼ》れ落ちて行きました。最後には、そのしこりのような固まりが消えたのです。それでも、その馬は、そこを去ろうとはせず、〈番〉をするかのように、そこに止まって、足を踏みならし続けていました。

一回消えても、またそこに、次々と地球上の人間が生み出す思考の闇が、集まって来るのを、防いでいるように感じられてなりませんでした。今でもそこに意識を集中して、知抄の光を注ぐと、確かな感覚として、光の馬のステップのリズムが、心地よく、私には響いてくるのです。

（３） 二〇一一年 五月 五日

福島第一原発への
知抄の光の威力の具現化

瞑想すると間もなくして、救い主、知抄のお姿が御出ましになられ、光の子として、地球を救う使命遂行の光の源で立てた誓いが、昨日のことのように、鮮明に蘇ってきました。地上に降下する決断と共に、地球目指して光の源を旅立った時の様子が、鮮やかに映し出されたのでした。

救い主、知抄の光の領域、創造界の朱と黄金の中にずっと在ると、まるで、温かい光の繭《まゆ》に包まれ、守られた中にいるようでした。地球にやって来て、長い長い歳月を経て、今こうして、救い主、知抄の光の御前にあるまでの、幾世層かけて、光の子として養成されてきたことが、一瞬で思い起こされました。光の源を出て地球に降りて来る時には、地上で遭遇《そうぐう》するどんな困難をも乗り越える、強い覚悟の上で、決断して来ていたのです。

真の自由と　真の平等と　真の平和を　もたらす
救い主　知抄の光の威力を
もっともっと　発揮できるのだ!!
との思いが　強くなりました。

それでいて、何故か、いつの日か、ずっと遙か先に、地球を旅立って行く時の姿を、はっきり存在として見せて頂けました。

過去も　現在も　未来も　混然一体となって
〈今　この瞬間〉に　すべてが在る

ということを体験しました。

今という　この瞬間を　生ききる！

この生き様を、すべての人々が、身に修めねばならないと思いました。

光人を通しての、救い主、知抄の御指導による深い最後の瞑想では、福島第一原発の上空に、巨大な光の白い網があり、その網で、すっぽりと原発全体を覆《おお》いました。その網を上空から持ってきたのは、知抄の光の方々〈吾等〉と、ペガサスのような透明な馬のようでした。その網の一本一本の繊維《せんい》は、光でできており、その光が原発にどんどん浸透していくのです。そして、ふと見ると、第二か、第三号機のような感じがしましたが、そこからすごい黄金の光が放出されており、びっくりしました。いつの間にか、光の網は、すべて原発に吸収され、消えておりました。原発の建屋内部の空気と申しますか、汚染された放射能の気体が、光に変わっている感じになっておりました。

原発から少し離れた距離から見ると、いつもニュース等では、灰色の蜃気楼《しんきろう》のように見える原発が、真っ白に光り輝いて見えているのです。しばらくその様子を見ておりますと、原発の中では、何か大きな変化が起きていることに気付きました。原発の内部では、核自体が、すごいスピードで時間を遡《さかのぼ》り始め、地球の歴史を逆に辿《たど》って行ったのです。地球の原始、人類がまだ地球にやってくる前を通り越し、ついには、地球を飛び出して、宇宙の遙か彼方の一点

— **恐《おそ》らく、核が最初に存在した所だと思うのですが** —

に、猛スピードで進み、その一点に吸い込まれるように、宇宙で始めに生まれた時の、質的な状態に戻って行ったのでした。

地上の指揮官、救い主、知抄と光の子・光人・〈実在する知抄の光の吾等〉が、大震災の三月十一日よりずっと、光の源の創造の領域より、知抄の光の威力を駆使されて、どんどん光の源の御

意思を、細部に亙《わた》って具現化へと、その効力を見せて頂けたことを確信致しました。

福島第一原発から、視界が変わり、視線を転じますと、朱と黄金の知抄の光の水辺におりました。大気も大地も境目がなく、透明で、朱と黄金の光は生きて、絶えず変化し、時折、虹色の光が波打つように、帯状に伸びて光を放つのでした。よく見るというより、光の目で魂を研ぎ澄ましますと、そこには、無数の生まれたての魂が、光そのものとして存在していることが判り、驚きと感動で目を見張りました。ここが宇宙創造主の直系の御使者である、救い主、知抄の光の水辺であり、万物の根源である、人間が垣間見ることさえ許されない、創造界の領域であることが判りました。ここで生まれた新たな魂は、本当に至純至高な光そのもので、人間に降下されて魂の光に宿るというより、もっと何か進化した〈光魂《ひかりみたま》〉のような感じがしました。

光の源にある、果てしない広大無限の救い主、知抄の光の水辺ですら、宇宙創造主の光の源から見れば、ほんの小さな一点にすぎず、それも内包された一点かも知れないほど、永遠《とわ》の遙かな無限の拡がりと、それでいて目の前に凝縮されたような〈今〉ということが鮮明に見えました。瞬間で、人間が垣間見、知ることすらできるはずもない、壮大なビジョンの数々を、光の目で、光の足で、体験させて頂き、感謝で平伏することしかありませんでした。

救い主、知抄の光と共に視線を転じた時に、地球全土へ地球の核そのものとして、大地の砂、土の一粒一粒が光になって輝き始め、発光し、目を閉じているのに、眩《まぶ》しくて、耐え難くなりました。そして、その一粒一粒の光に、私の顔の皮膚の細胞一つひとつが、意思を持って呼応し、その光の照り返しのように、顔の細胞一つひとつが、穏やかに優しく変化し続け、いつものようにたおやかで、ノーブルで美しく、色白になって、幼子のように肌が若返り、容貌《ぼう》まで創り変えて頂いていることが判りました。

救い主、知抄の光と共にある、この威力、本当に人間智では想像すらできない、知抄の光の水辺での一連の体験は、嬉しく、楽しく、感謝感謝で、喜びが湧き出てきました。

（４） 二〇一一年 五月 七日

福島第一原発に光を注ぐ
新たなエネルギー資源の星を見る

はじめ、海の中、水中に私は居ました。

太平洋だと思うのですが、何かが存在する感じがありました。それはずっと、日本列島の様子を見ている感じで、海の中から近付いて来ようとしているのでした。

上空を見ると、降り注ぐ黄金の光に混ざって、知抄の光でない、ミサイルのようなものが、地球全体に降って来るのです。黄金の知抄の光の中に地球があるので、爆発はしていないのですが、その数は無数で、地上に隠されている数々の核爆弾が、すべて照らし出され、あぶり出され、その存在が顕《あきら》かになり、逆に姿を現して地球に降って来ているように見受けられました。

次に、福島第一原発に降りました。

建屋の中に入り、何か私には判りませんが、細長い一本一本の（元栓）のようなものを、一つひとつ閉めておりました。それは、まるで、核の効力を無効にする、と申しますか、一本一本核の力が無くなるような感じで、一つひとつを閉めて行ったのでした。閉めて行くうち、だんだんと黄金の眩しい知抄の光に満ちて、救い主、知抄の光で統一されて行きました。全部を閉めたと感じた時、空から降っていた核のミサイルのような（実際には、大きな卵型のような感じでした）ものは、だんだんに力が弱まった感じが伝わってきました。

次の瞬間、地球の外に私は出て居ました。

地球の側までやって来て、地球の様子を見守っていたらしい（核兵器の元締め）のような、地球外の存在に出逢いました。その（元締め）に、救い主、知抄の光を注ぎ、浴びせました。知抄の光で、その（元締め）を平定した瞬間、地上すべての核、原子炉も、兵器も、すべて救い主、知抄の光で統一され、この地上での光でない者等の力が、一瞬失われたのが判りました。

今後、この目にした効力が、どのように地上に生かされ、顕《あきら》かになって私達に見せて頂けるのか、人間界で推し量ることはまだできません。

そのうち、このことは、救い主、知抄の光の威力が、必ず鮮明に、地上人類に証しされることになる日がやって来ると思いました。

地球上に今存在する原子核の力は、すべて光でないものと連動していることが、今日鮮明に判りました。休まず、怠《おこた》らず、一瞬一瞬どんどん光を、福島第一原発へ注ぎ続けて行きます。この瞬間瞬間の光人としての実践の積み重ねが、地上にあるすべての原子核の力を、知抄の光を浴びせることで、良い方向へと導き、その本質をも変容して行くからです。光と化した地球に、光でないものとして現存する危険な原子核の存在を、光の地球で如何《いか》に人類が共存共栄できるか……。それは、人間も〈光そのもの〉に変容しなければならないように、危険な核の原子の持つ本質を、光と化さねばならないことを痛感致しました。

その後、水の惑星を見ました。

特定はできませんでしたが、大きな大きな水の惑星が姿を現し始めていました。その惑星は、よく見ていると水の気体そのものと言って良いのか? 瞬間的に、**〈新たなエネルギー資源の星〉**であることが判りました。まだ、地球人類が、誰もその存在を知らない、気付いていない未知の天体でした。

日々光がどんどん増し、知抄の光で統一されて行く光の地球は、住まわせて頂く私達人類にとって、人間の進化は勿論《もちろん》のこと、資源においても、必要なものはすべて光の源から与えられ、幸せを謳《おう》歌《か》して、共存共栄して行く星である認識が深まりました。

救い主　知抄の光

暗黒の地球をお救い下さい—— と、

地球人類すべての人々が、救い主、知抄の光を認識し、光の源に向かって、救いの雄叫びをあげる日が近付いて来ています。

知抄の光を顕現《けんげん》する光人数人で、深い寂静の中に居ますと、不思議と**時間の感覚が無くなりました。**長時間座っていたはずでしたが、一瞬で、瞑想が終わってしまいました。

寝ても、覚めても、二十四時間、知抄の光を死守するという感覚が、やっと私の中に根付いた気がしました。

今日は、開花した光の子の瞑想体験を、サロンでお聞かせ頂きました。聞くだけで、全細胞が雷に打たれたようになり、魂が震え、本当に言葉《ことは》すべてが知抄の光の威力を伴った、〈光そのもの〉

の叡智に溢れる言葉《ことは》でした。〈知球暦〉、まさに知の時代のお手本そのものでした。

日増しに、私達光の子は、どこに居ても瞬間瞬間、光が増し、成長し続けていますが、その証を、今日は身近で見せて頂きました。

地球を救う礎の光、〈大地を受け継ぐ者として〉の使命遂行者である光人として、こうして光の源の生命《いのち》の水辺まで共に行ける〈すばらしき仲間〉が、またお一人生誕したことは、使命遂行の純粋性と、透明感、共にある故の知抄の光の創造の領域での、喜び・賛美・感謝深しでした。

追記

二〇一一年 五月 九日 火曜日

福島第一原発

第一号機に

人間(作業員)が入りました

知抄の光に感謝を捧げます。

（５）　二〇一一年　五月　二十九日

今地上に蔓延《はびこ》っている宗教は、すべて過去のものとして風化されて行きます

光の源の光の大地が現れ、光の玉がどんどん放たれていく様子が映し出されました。無数の玉は、初めブルーから虹色を帯びた色合いでしたが、次第に空気中がすべて、その光の玉で埋め尽くされ、黄金の光になっていきました。

この光の玉の一つひとつの中に、意識を持った何かが宿っている感じがはっきりしていました。

福島第一原発も、日本列島も、光の源にすべてを携えて持って

行くと、その存在自体の本質が、一度白紙になるというか、光の源の御意思で、自由自在に変化する感じでした。

そして、日本列島は、海岸線の形が少しずつ変わる感じがしました。

次に、丸ごと世界を知抄の光と一体となって一望すると、政治・経済の背後にある既成宗教の存在が、黒い暗幕を張りつけたように蔓延《はびこ》っていることが、鮮明に映し出されました。この地球上に、黒きものとして蔓延《はびこ》っている宗教に捉われている人々を、自由に羽ばたけるように、解放しなければならないと痛切に感じました。上辺《うわべ》をきれいに繕《つくろ》っていても、その根底からすべてが幻のように、黒き宗教の実体が鮮明にその姿を見せているのでした。光の源の直系の真実の実在する知抄の光によって照らされ、光で統一された地球上では、宗教の実体をあぶり出し、人々の目に曝《さら》け出して、過去のものとして風化されて行くことが、鮮明に明示されていました。人類の進化によって加速化され、なくなって行くのです。

日本の政治もギリギリのところで、保っている感じがあります。昨日の朝は、政局がどうなるか判らない状態でしたが、永田町に光を注ぐと、国会議事堂に、光の玉がどんどん飛んで入り、注がれていく様子がよく判りました。本当に、知抄の光の威力によって、政治も、日本列島も、なんとか辛《かろ》うじて、成り立っている状態が顕《あきら》かでした。

今は、一日一日が、朝に、夕に、救い主、知抄の光によって、地球の存亡、人類の存亡が懸《かか》っていて、瞬間、使命遂行者である私達が、光を注ぎ、光で統一しながら平定して進んでいることが、

ひしひしと感じられます。貴重なこの一瞬一瞬の私達の使命を、
知抄の光と共に、地球人類へ生命《いのち》の光を注いで行きます。

〝人間とは
本来　光そのものです〟
己れの魂の光が本当の自分です
光の地球は　自らの〈魂の光〉が
地上に
主役となって　顕現《けんげん》するのです

（６）

二〇一一年 六月 四日

大地を受け継ぐ者としての使命
光人として 今ここに知抄の光と共に在ります

深い瞑想の時、私は光の玉になって、すごい勢いで、福島第一原発に飛び込んで行きました。すると、地中深く、地球の中心である核に在るようで、そこから福島第一原発に光を注ぎました。知抄の光で平定していくのが判りました。地球の核の深い深い所まで進むと、そこは、光の源でもあり、光の源にそのまま飛び込んで行った感覚でしたが、まだまだ先がありました。やがて、宇宙の彼方に、紺色とブルーの天空の間に裂け目が見えて来て、そこからすごく眩しい、黄金の光が放たれておりました。どんどんそこに近付いて行き、その黄金の光の中に、光人としての使命遂行を決断し、

救い主　知抄の光

暗黒の地球をお救い下さい

大地を受け継ぐ者としての

使命遂行共にあります

すべてを委ね飛び込みました。その瞬間、それまでの眩しさとは全く違い、目が眩《くら》んで全身の細胞が弾《はじ》けるというよりも、それを超えて、細胞の膜に収まらない感じになりました。この宇宙の

裂け目の中は、淡い緑がかった黄金の光が、大きくうねりながら、その中で土を耕すような、土壌を変えているような感じがしてきました。

そして目の前に現れ出た日本列島が、地中から、土から変わっていく様子は、かつて、神々様が泥から日本列島を創られた時の創造が、今まさに、現実として知抄の光によって行われているその瞬間を、体感させて頂きました。必要在りて、私達に、光の源の大計画による新たな光の地球構築を、垣間見せて頂いた瞬間でした。実在する救い主、知抄の光は、今までどんな時も、必ず証を、私達に提示されてきました。その知抄の光の威力と、その恩恵に、人類を代表して平伏しました。

地上の陸、海、空、すべて、アフリカ全土、アラビア半島、ヨーロッパ、中東、中央アジア、ロシア、中国、アジア、オーストラリア、アメリカ大陸へと、どんどん光を注ぎ、〈あるべき良き姿へと〉誘《いざな》う、その光のリズムのスピード感に、軽やかに、嬉しく、実在する光と共に、妖精を地上全土に放ち続けました。

地球に生きとし生けるものすべてに、喜びと賛美と感謝に満ちる知抄の光を浴びせ、闇を光に変えて、照らして行く様《さま》は、瞬間で景色まで一変させる、救い主、知抄の光の威力でした。

地球を救い　人類を救う　救い主
知抄の光と一体と成りし　光人
〝大地を受け継ぐ者〟の使命遂行

幾世層かけ　養成され
今　ここに在るか ――

実在する知抄の光からの言葉《ことは》が、私の中で対話しているように
蘇るのでした。

己が光の旅路　振り返り
この喜びに　涙こぼれます

(7) 二〇一一年 六月 十二日

救い主降臨の　記念すべき日に向けて
使命遂行者として光を死守

初めに、各国の様子が浮かびました。北朝鮮、中国、ロシア、イギリス、アメリカ、イスラエル……と、どんどん知抄の光を放ち、注ぎ、黒き闇を照らして行きました。途中で、イギリスがすごく変な感じを受け、何かが動き出す気配があり、気になりました。

次に、アメリカに注ぐと、以前からそうですが、大陸自体の箍《たが》が緩《ゆる》んでいるようで、危険な状況の中にあります。それを必死で修復しようとする、光でない力のせめぎ合いを感じました。最近、アメリカで繰り返し発生し、被害をもたらしている竜巻の、人間が抗《あらが》えない威力とも重なって、違和感が残りました。

日本列島を俯瞰《ふかん》すると、本当に、こんなにも帯状の幅の狭い島国であり、こんな狭い土地に、よくぞ五十四カ所も、原子力発電所が設置されたものだと、身震いする思いが致しました。

日本列島の地中深く、地球の核に向かって、どんどん進んで行きますと、地球の内部で、ぼこぼこと、光の玉のようなものが発生し続けていて、地表へと次々に発せられて、出て来るのが見えました。

そして、それに合わせて、地球全体が膨張していくような感じになって、やがて、内側から弾《はじ》けて、地球自体が爆発してしまう

のではないかと感じられ、とっさに、

救い主　知抄の光
暗黒の地球をお救い下さい―― と

光の源へ、喜びと、賛美と、感謝を、捧げながら、救い主、知抄の光にすべてを委ねました。

私は、この日、一週間ぶりにサロン・ド・ルミエール〈実在する知抄の光場〉に入室させて頂きました。ものすごく遙かに、知抄の光の領域が高まり、光が増していました。実在の知抄の光が降りられている地上で唯一の、この光場は、本当に実在の知抄の光が、降下されているのでした。ますます進化して、使命遂行者

以外の入室は、もはや無理と思いました。今、私達は、

救い主、知抄の光が地上に降臨された

記念すべき　七月十一日

に向けて、地上のすべてが、至純至高な微細な光の波動に変わって行っていることが判りました。そして何としても、この光と化した地球の変容に、地球自体も、そして人類も適応できるように、私達光の子が、〈光人〉として救い主、知抄の光と一体となり、知抄の光を死守しなければならないことを、新たに魂に刻み込みました。

（8） 二〇一一年 七月 十八日

救い主降臨の 記念すべき 七月 十一日を迎え
使命遂行に新たな前進あり

一週間ぶりに、つま先から一歩足をサロン・ド・ルミエールに踏み入れた途端、今まで入ったことのない所へ入ったことがはっきりと判りました。刻々と、知抄の光場は至純至高で微細になっていて、かつて人間が入ったことも、入ることもできない光場であることが、鮮明になっておりました。

瞑想が深まるにつれて、天に向かって、高い高い階段が伸びてあり、真白い衣を纏《まと》った救い主、知抄の光の輪郭が、まるで透明なシルエットのように、光に包まれて上がって行かれるのが見えました。目も眩《くら》むほどの目映《まばゆ》い黄金の、光の源の中に階段は続いてありました。私もその後に従《つ》いて行きますと、救い主、知抄の光のお姿が消えました。立ち止まり、目映すぎて目を閉じて見上げると、私目がけて、光の源から、黄金の光が、滝のように流れ込んできました。溢れる〈生命《いのち》の光〉宇宙根源の知抄の光を受け、今度は、私の魂から、どんどんと光が溢れ出て、地球全土を包み込むように放出されて行きました。

喜びと　賛美と　感謝に満ちる
真の自由と

真の平等と
真の平和を　もたらす
救い主　知抄の光の威力
万物の根源、光の源の
地球を光と化す大計画は
こうして、一刻一秒すらも怠ることなく
知抄の光で地球を統一し
万物を進化へと誘《いざな》うのです

次々と各国の様子が浮かんで来ました。一国一国捉《とら》えてよく見ると、中東からアフリカ、そして中国も暗く、重苦しくなっていました。キリスト教、イスラム教、ユダヤ教等の、いわゆる地上に蔓延《はびこ》って来た、各宗教の信条の相違による紛争が、怨念となって、根深くあることが、鮮明に浮き彫りにされ〈黒きもの〉として現出しているのでした。人間を宗教という教条主義によって、自由意思の行使を奪い、宗教で目隠しされて、狭い視野しか見えなくされていることが鮮明でした。

〃人間とは　本来　光そのものです〃

地上生誕の〈人間進化の目的〉を、幾世層かけて、時の権力者によって、目潰《つぶ》しされて来たかが、一目瞭然《りょうぜん》に見て取れるのでした。

光と化した地球にあっては、今こうして人間の足枷《かせ》となっている宗教からの解放を、自ら気付いた者から〈魂の光〉と共に、古里《ふるさと》である光の源目指して歩む決断ができるのです。一刻も早く〈魂の光〉が、主役である光と化した地球を認識し、自らの自由意思で〈光へ行きつ　戻りつ〉ができるよう、光を浴びせ、光を注ぎ続けます。

今までと違い、人々を支配してきた者達は、理論、理屈を振りまわす程に、思考が停止し、インテリ馬鹿ぶりを、白日の下《もと》に、曝《さら》されることになるのでした。地球を支配して来た方々は、真っ新《さら》な白紙の心にならない限り、光と化した地球に同化することは、何人《なんびと》よりも、時間を要すると思いました。

光と化した地球を生きる人類は、知抄の光を魂に掲げ、救い主、知抄の光を切望し、自らの自由意思で、求めない限り、どのような高邁《こうまい》な理論、理屈を言ってみても、三次元の肉体から、光へ行くことは、人間では不可能です。

救い主　知抄の光
暗黒の地球をお救い下さい―― と

各人が、自由意思で光への熱き思いで叫べるか、否かです。

今こうして光人は、地球の核から地球全土へ向けて、人類すべての〈魂に内在する光〉に、光人として、黄金の知抄の光を、放ち、浴びせ、注ぎ、三次元の肉体人間の思考の闇を照らし、喜びと賛美と感謝に満ちる光の帳《とばり》へと、求める者を引き上げ続けています。

救い主、知抄の光は、一九九六年 七月十一日に、地上に降臨されています。この地球を光と化す具体的な内容は、時が来るまで、光の源の御意思により伏せられてきました。以来、毎年七月十一日を迎える度に、光が増し、より光化へと、人類を光へと誘《いざな》って、今日を迎えていることが、認識できるまでに地球が変容しております。

人間自らが〈光そのもの〉として光生命体に成ることとは、〈知抄の光の吾等〉と共に、光の子が、救い主、知抄の手足になって、〈光人〉として確立し、〈大地を受け継ぐ者〉の使命を遂行し続けて行かねばなりません。

光の源を旅立ち、地球を救う、光の子としての使命遂行が、今こうして担えるまでになったことを、そして、この尊い使命の為に今、生命を与えられた一生《いちせい》があることを、至福の喜びとして、次なる使命へと、喜び勇んで踏み出せるのでした。

（9） 二〇一一年 十二月 十日

皆既月蝕によって
地球の核が変容し　偉大な威力を持つ

瞑想が深まるにつれて、どんどん光の源へと近付いて行きました。光の源への旅路の途中で、目の前を何か長いものが通り過ぎて行きます。一瞬、その一部だけでしたが、白っぽい鱗《うろこ》が光り輝いて見えました。通り過ぎると、そこが一つの境域で、さらに先へ、奥へと、次の階梯《かいてい》へ進んで行っている感じがありました。救い主、知抄の光の黄金の帳《とばり》の中を、どんどん進んで行くと、大きなとてつもない拡がりを持った、黄金に光り輝く円盤の前に出ました。円盤は、目の前でクルクルと、レコードのように回転しているように見受けられました。目を凝らして注視すると、何重にも軌道が描かれています。

そこを通過して、もっと奥へ進むと〈光の吾等〉の方々が勢揃いされていて、光り輝くシルエットのようなお姿で、並んでいらっしゃる様子が判りました。先ほどの円盤を俯瞰《ふかん》されていたご様子で、円盤は、天体図になっていました。

そこから、さらに先へ進みますと、全く上下左右の無い、真空で果てしない無限の拡がりの中へと入っていました。見渡す限り、明るいブルーに黄金の粒子が遍在し、ブルーと黄金が混ざって、不思議な色合いの、エメラルドグリーンがかった色彩を放っているのでした。針の先ほどの一点の光となって、その中を進む私は、その空間の果てしない広大さを見ながら、ずっと、ずっと、飛んで行きました。やがて黄金に輝く光の源、かつて地上に降下されたことのない、救い主、知抄の光の創造の領域へ、大地を受け継ぐ者としての使命に確信を持って入らせて頂きました。今私が在る所は、光の源の全体が宇宙創造主であり、その中のほんの一点に包まれるように、入ってしまったような感じでした。

全く突然のことでしたが、私の魂の中から地球が外へと出て来て、光を共に浴び地球を魂で包み込み、抱えてそこまで行けたことに改めて気付きました。

救い主　知抄の光

暗黒の地球をお救い下さい―　と

雄叫びの言葉《ことは》の持つ威力によって
私が　光そのものであり
私が　知抄の光と共にある時
私は　地球そのものである

ことが判りました。


ここまで傷つき、溺死寸前の、地球存亡のかかった地球を携えて、捧げ持ち、愛《いと》おしく掛け替えのない、宝の玉を捧げるように、光の源の黄金の光の中心にそっと置き、奉納しました。

地球はその瞬間、光り輝いて発光し、くるくると回るのでした。

その様子を見ていたら、今夜、二〇一一年 十二月十日 九時四十五分から始まる皆既月蝕は、月の力、太陽の力がすべて地球に注がれ、宇宙創造主、光の源のお計らいによって、今まで以上に、救い主、知抄の光が地上に増すことで〈地球の核そのもの〉が大飛躍して変容し、地球自体がすごい力を持つことが判りました。既にこうした瞑想体験の中で起こった事柄は、必ず現実となって今まで地上に具現化され、必ず私達に、実在の光の存在と、威力を、証しされてきております。

地上は夜なのに、ここは明るく、昼なのに、夜の星空が拡がっていて、どこまでも拡がる透明な静けさの中にありました。突然一羽の鳥が舞い降り、その昼と夜が同時にある地上の上を歩き始めました。その長い首と、長い足から鶴だと思いました。その鳥が歩く度、地上が耕されて行くのです。よく見ると、全体が数センチの水に覆われており、音もなく、その鳥が歩くのですが、一歩歩く度に、天界から涼やかな澄みきった鈴の音が響いてくるのです。天から降ってくるように、鶴の一歩一歩に合わせて、静かに、鈴の音は地上に響き渡るのです。

そして、その地球に宇宙創造主の御使者、偉大な光が降りられたのが、ある瞬間、鮮明に判りました、

これから起きる皆既月蝕を機に、地球はいよいよ光の源直系の御使者で在られる救い主、知抄の光と〈地球を救う吾等〉の光の方々と共に、光の源の創成の神々の住まわれる〈光そのもの〉に、飛躍して行くことになることが判ってきました。

九時四十五分より実際に皆既月蝕が始まると、この瞬間から、身体の中からエネルギーが湧き出て全身が熱くなり、活力が溢れ

てくるのを感じました。地球存亡、人類存亡をかけて、今地上にある光の源、直系の御使者、救い主、知抄の光、生命の光は、地球の隅々まで降り注がれて満ちて行きました。

赤銅色に月が変わり、完全に皆既月蝕になった時から、他の星々の輝き方、瞬《またた》き方も共に変わりました。月蝕がすべて終了した時には、星々の輝きも、以前より鮮明になり、地球が他の星々に、影響を与えるように、変わったように、思えるのでした。

(10)

二〇一一年 十二月 二十五日

知抄の光で統一された地球は

遺伝子による統一です

瞑想の時、黄金と緑の光がどこかの渓谷《けいこく》に流れ込むように降り注ぎ、地球上の谷底にも知抄の光が差し込むような感じがしました。その黄金と緑の光は、まるで水のように、渓谷全体を満たし、地上全体が本当に光の河の中というか、光の海の中にあって、人間もその中で生きている状態であることが、鮮明に判るまでになっていました。

私の生命《いのち》が使命遂行のために、この地上に与えられていることが、今まで以上に鮮明になりました。光への熱き思いと共に、救い主、知抄の光にすべてを委ねることで、初めて光人として、〈**大地を受け継ぐ者**〉としての、この使命が作動することが、より明らかとなりました。瞬間の目の前の〈今を〉使命に生きる私の〈魂の光〉に、生命の根源の光を活力として、注ぎ込まれたように、救い主、知抄の光を身近に感じられるのでした。

それと同時に、闇を認識しても、決して係《かか》わることなく、前だけ見て、光だけ見て、光の源を目指して前へ進むことが、私の生命《いのち》という観点から、強く感じるものがありました。

今まで、地球を三次元の世界として支配してきた光でないものが、宇宙の中にあるのを感じますが、その元を辿《たど》るのではなく、知抄の光を魂に掲げることで、三次元の肉体人間を支配している闇を照らし、知抄の光に変え、光で統一し、進むのみであることが判りました。

その後、瞬時に〈肉体から出る術《すべ》〉のご指導を頂き、今まで何度も教えて頂いていながら、その理解度も、出来具合も、今までとは全く違うのでした。瞬間、全身が、骨の髄まで細胞一つひとつが弾《はじ》けるように、スイッチがパッと入り、笑いが込み上げて、歓喜が溢れ出てきました。

救い主、〈知抄の光〉が遺伝子のすべてに亘《わた》り、スイッチ（オン）され、伝達され、隅々まで知抄の光で統一されて行きました。

帰路の電車も、家に帰ってからも、〈肉体から出る術〉をずっとやり続けていました。こうして、救い主、知抄の光の実在の威力を受け取れる、智《ち》超《ちょう》法《ほう》秘《ひ》伝《でん》のすごさを、本当に実感しました。

光の子は光人として、より確立し、瞬間の自力救済による、光生命体としての実践の積み重ねしかありません。

夜になって、光の源に於て、救い主、知抄の光に、新たなる決意で誓いを立てる瞑想をさせて頂きました。〈光人〉としての今世での使命遂行は、地球を知抄の光で統一するだけでなく、さらにもっと壮大なスケールで、宇宙的な深い意味のあることを感じました。単なる次元上昇のみでないことが判ります。

〈大地を受け継ぐ者〉としての使命遂行、必ずやり遂げる誓いを立てるうち、地球の姿が鮮明に浮かび上がってきたのです。地球のすぐ側に光の源の目映《まばゆ》い黄金の光があり、地球を照らしており、宇宙全体も昼間のように明るくなっているのです。光化とは、いずれ地球が知抄の光で統一されることにより、宇宙の中心として、地球が輝き始めることを感じました。それは、光から見ると始めから成し遂げられることが決まっており、三次元の人間側から見た〈**次元上昇**〉とか〈**アセンション**〉とかは、ほんの一側面にしか過ぎないことが明白になってきました。あたかも真《まこと》しやかに、巷《ちまた》に氾濫《はんらん》している情報や取り沙汰されている事柄《ことがら》のすべては、幻に過ぎないことでした。地球を光と化す大計画は、それくらい、光から見た時は、偉大な光の源の絶対世界の絶対の、揺るぎもない偉大な威力によって、進められていることがはっきりとしています。もはや、人間が、三次元で論じても全く届かない、遥か彼方の垣間見ることも不可能な、至純至高なる光の旅路に、地球はすでに、核から変容して燦然《さんぜん》と輝いているのです。

こうして改めて誓いを立てた時、創造界の救い主、知抄の光から、その威力が〈魂の光〉に瞬時に与えられ、光人として活力が漲《みなぎ》ってくるのでした。

今、この地球を知抄の光で統一する計画すらも、壮大な宇宙の源、宇宙創造主の計画の中では、ほんの一つの通過点にしか過ぎないことが、手に取るように突然判り、驚きと共に圧倒されました。私達には、地球を光と化したその後に、さらに次なる計画があることまで、それが真実であることが、誓いを立てることで、鮮明に蘇って気付かせて頂けるのです。

今日という日が、そして、この瞬間の〈今〉が、非常に重要な一歩であり、光の源への永遠なる光の旅路の始まりであることを感じるのでした。

(11)

二〇一二年一月一日

救い主　知抄の光によって

構築される光の地球

サロンに座しますと、はじめ両目からその奥の視神経、そして眼球につながる筋肉と、視力に関わる細胞が知抄の光で統一されるのがはっきり判りました。人間共通の低我《ていが》の既成概念が光で取り払われ、これからは人間の〈**見る**〉という行為が、光の目で物事を見るという、もっと深い意味を持ってくると感じました。今まで目隠しされ、見えていなかった真実が〈**見える＝判る**〉ようになってくるのです。人間が〈光そのもの〉になることで、光からの全智全能を少しずつ使いこなし、叡智を頂き、進化するのです。

後半の瞑想が始まりますと、すぐに翡翠色《ひすいいろ》の大海原《おおうなばら》に、大きな大きな津波のような波が突然現れました。波は白く泡立ち、翡翠色の海が、どんどんせり上がって行くのでした。瞬間、そのうねりを「止まれ!!」と魂で叫びますと、せり上がった聳《そび》え立つ波が、その形のまま宙で止まりました。

その波の一番上に、一軒だけ家が乗せられたまま、どんどん天高く押し上げられ、上がって行きました。やがてその家は、天界の光の海の真ん中に在るのでした。三六〇度、光の海に囲まれて、海面のさざ波がキラキラと、一つひとつの光の粒になって光り輝いていました。その一つひとつが生きた意識ある光で、どんどん光が増していくのが判りました。その海面の下では光でない世界もすべて映し出され、見えるようになっているのですが、光の膜がバリアのように張っていて、光のこちらに入り込んでは来れないのです。地上に於て、救い主、知抄の水辺である帳《とばり》に、本来光でないものが侵入しないよう、知抄の光を死守し、万全を期して守り抜かねばならないことを強く感じました。

しばらくして、光の海は、海なのに光の大地に変わり、やがて、海面の上を歩けるようになったのです。以前、瞑想中に水が張っているのに歩ける大地を見ておりますが、これも光の源の光の水辺なのだと、瞬間、感じました。

そして、あの家の扉が開いて、中から救い主、知抄が御出ましになられたのです。見渡す限りの海面のような光り輝く大地の上を歩まれます。地平線の彼方《かなた》（はっきりした境はありません）に、蜃気楼《しんきろう》のような青空や、なだらかな丘が連なる風景が、浮かんでは消えました。こうして、光の地球の構築の様子が象徴的に映し出され、少しずつ見せて頂けるのでした。

瞑想が終わった時、大きな災害が来ても、光の子が光人となって地球を守る確信と決断と覚悟で、

救い主　知抄の光
暗黒の地球をお救い下さい　―

と、雄叫びをあげることを魂に刻み込みました。地上に起こる災害を最小限の被害で済むように、光の源に願いを届けるのは、私

達光の子・光人である確信の中で、救い主、知抄の光の帳《とばり》の中で、光と共に、地球全土に一丸の威力を発揮させて頂けた、貴重な体験となりました。

⑿ 二〇一二年 一月 十一日

北朝鮮・中国・ロシア・ヨーロッパ・アメリカ・アフリカ…等へ光を注ぐ

今日のサロンでの瞑想は、静の中の動をしました。光と共に〈光人〉になって妖精を放ちながら目的地に飛んで行き、光を注ぎました。

北朝鮮は、本当に不透明で方向性が明らかにならない感じがしました。

隣国の**中国は**、地球上の今まで台頭してきた大国とは、全く異なる国家勢力であると感じます。ただひたすら、隅々まで行き渡るように光を放ち注ぎますと、大きな荒ぶる生き物のようなうねりが、どんどん小さくなり、勢いを削《そ》がれて、穴に吸い込まれるように小さくなる感じがありました。

ロシアは、政治的にかなり不安定な揺らぎが、大きく全土に拡がってきていましたが、ロシアから北欧の方にかけて、大きな引力のようなものを感じました。今、北欧では、油田開発など新たな変化が見られますが、それと関係があるのか、北欧から北にかけて、地球が大きく口を開け、宇宙と繋がっているように感じました。

北欧では、何かが目覚め、動き出す感じがすごくしました。

ヨーロッパ全域は、大地が黒く、既に一度終わったような感じでした。どんどん光を注いで行きますと、ゼロからのスタートで、

〈大地を受け継ぐ者〉である私達光の子の意識次第であり、光を注ぎ、全く新たな大地として生命を吹き込み、構築して行くことを感じます。

アフリカは、本来もっと人類の生命の輝きと躍動感があって良いはずの処《ところ》ですが、地球外からの多大な影響を受け、過酷な大地となっている様子でした。

宇宙から様々な意識体が地球に作動し、頻繁《ひんぱん》にアフリカを中継地として、地球に入って来ている感じがします。

中東からイスラエル一帯は、地球上で最も破壊的想念が根深く、怨念の絶望の渕《ふち》にあることが鮮明でした。共に今日瞑想した光の子等も、この地域をしっかり見守り、光を注ぎ、光へと引き上げないと、逆に、この地域の破壊的想念の闇が押し寄せて来る気配が、見て取れました。共にある光の子等全員に、しっかりと、知抄の光を死守し、常に、喜びと、賛美と、感謝に満ちる、真の自由と、真の平等と、真の平和をもたらす、光の源の生命の光を、どんどん浴びせ、根付かせ、知らしめることをお伝えしました。

東南アジアは、これから、もっともっと、自然の恵みを得て、自然の豊かさの中で生き、大自然との調和の中で、共存できる可能性を感じました。そのためには、そこに住まう人々が、〈魂の光輝〉に目覚め、進化する必要性を感じます。どんどん北極から南極まで、地上全土へと隈《くま》なく光を注ぎました。

東シナ海の海域は、やはり不透明でした。長年の領海域についての争いが、海底深くまで、幾重にもあることが判りました。

これからは、どんな小さな闇も見落とさず、光の目で見て、現れ出る〈黒きもの〉を照らし、光の足で地域を隅々まで訪れ、光の源の御意思を顕現できるよう、使命遂行致します。

北アメリカは、今までのアメリカという国の歴史の中で起こってきたことを、一つひとつを、清算していかなくてはならない時を、迎えているように感じました。アメリカという国自体の存在そのものも清算され、土地も、富も、地球に返す時が来たということなのかも知れません。

南米は、数々の遺跡がありますが、今まで宇宙からの一つの交信の拠点となっていましたが、その役目がいよいよ終わるのではないかと感じます。そして、新たなお役目として、その存在の意味を持ち始めてくる可能性は、地球人類のこれからの意識にかかっているように見受けられます。

そして、**南極には、**宇宙の星々、特に地球を見守り、光の仲間としてある〈星友達〉が、集まって来ている気配が鮮明になってきています。

北極は、磁場が揺れ動き、変動している真っ只中にありました。今も不安定な感じが強く、地球の地軸が、これからさらに変動していくことを感じました。

日本列島は、南北に長いせいか、この地軸の動きの影響を直《じか》に受ける感じがします。ただ、この動きの度に、日本列島自体が、地中からどんどん黄金に輝いて行く様子もはっきりと見て取れ、地下からものすごい黄金の光が放出され、日本列島自体が発光していく様子が鮮明でした。そして、黄金に光り輝く地球を光で統一される、光の源、直系の御使者、救い主、知抄のお姿が、日本列島そのものとして、また、地球の核としてのお姿で現れ出ていました。

地球全体を見渡しますと、地球も瞬間瞬間、すべて救い主、知抄の光で統一され、一瞬で地球そのものと一体となられる様子が、鮮明に光の目で確認できるまでになっていました。

その後、地球（今までの三次元の姿）の端から、次第に全体へと、もくもくと煙が上がる様子が見え、びっくりしました。

三次元の地球は、その煙と共に、視覚的には肉眼で見えなくなりました。消えてなくなるのではなく、光と化した地球自体が次元上昇し、三次元の古い地球を脱皮し、救い主、知抄の光で統一された、今までの肉眼では見えなかった、光の器に生まれ変わることが、はっきりと判りました。

こうして、地球全土を見渡すと、本当に今まで何重構造にもなって積み重ねてきた、三次元の地球の歴史が、今ここで、一度清算され、ここで終わり、全く新しい、救い主、知抄の光で統一された地球として、二〇一〇年 十月十日、知球暦光元年が始まっているのでした。好むと、好まざるとに係《かか》わらず、地球に共存する人類は、新しい歩みを、自らの自由意思で決断しなければなりません。自らの決断に継ぐ決断で〈光そのもの〉になることです。何《いず》れは、自らが自らを救う〈自力救済〉であることに気付いたお方から、従《つ》いて来られることを期待しています。

このことと関連があるのか、宇宙の中に、全く新しい生まれたての、**青く光る星**が、現れる様子が見えました。これは、地球ではなく、この先ずっと、地球人類が後に、次に目指して行く星のようにも感じられました、何かまだ定かにはよく判りませんが、不思議な、それでいて興味を引き付けるような感じが残っています。

今日は、瞑想が終わっても、ずっと魂も、肉体も、深く、救い主、知抄の光と一体でおりました。地球を抱え続けている感覚が、より鮮明になっており、〈大地を受け継ぐ者〉である、光の子としての、研ぎ澄まされた使命遂行者としての感覚がより鮮明でした。

そして今日は、今、目の前に在る必要なことしか、お与え頂けないことがよく判りました。使命を一つ終えることで、次なる必要な事柄《ことがら》を見せて頂けることが判りました。

（13）

二〇一二年　一月　十五日

光の地球は　喜びと賛美と感謝に満ちる
真の自由と、真の平等と、真の平和が、作動します

　サロンに座しますと、魂の奥で、救い主様の後ろ姿が見えました。どんどん近付いて行くと、今度はその先に、光の源のすごい黄金の光が天空に現れ、拡がって、大きくなっていくのです。光の源目指してどんどん近付いて行きますと、ある時点で、魂の奥で突然、救い主、知抄と、光の源の黄金の知抄の光と、私の魂の光が、一瞬にして、一体になる実感がありました。

　地球を上空から俯瞰《ふかん》すると、ある場所が鮮明に浮かび上がって

きました。そこは、緑が少なく、褐色の大地が拡がっており、大きい海の入り江と、湖がありました。ちょうど、宇宙船から地球を見ているくらいの距離でした。その大地の色と海や湖の色、大きさ、地形から、中東の辺りだと感じました。目を凝らすと、何か、そこの大地の地下で、すべてひっくり返るくらいの、大地が割れるような、大きくうねるような、ものすごいエネルギーが蠢《うごめ》くのが感じられました。

そこを離れると、日本だけでなく、地球全体の様子が伝わってきました。これから何年後か、百年くらい先かも知れませんが、国境も国の形もずいぶん変わっている様子でした。地球上で、軍事力に頼り、強権力を今までのように、固持すればするほど、その国は中から衰え、貧しくなっていく様子がはっきりと判りました。物質界的な経済の通念も、真の自由と、真の平等と、真の平和をもたらす知抄の光が作動しているので、一人ひとりに相応するように、すべての人々に、自然に与えられるようになって行くのでした。

救い主、知抄の光と共に歩む者は、喜びと賛美と感謝に満ち溢れ、争いごとは無くなります。今まで通り、三次元の肉体思考におられるお方は、豊かさから遠ざかり、〈平等〉という概念が、〈均等〉とは異なったように感じるでしょう。三次元で今まで人間の思考によって決められ、与えられてきた規則や既成概念は、全く通用しなくなります。一人ひとりの本性《ほんしょう》が、すべて隠しようもなく曝《さら》け出され、恥ずかしくなります。必要な物質が地球全土に、平等に分配されて行き渡ることが見て取れます。

今まで伏せられて来ていた、救い主降臨という事実を、時来たりて公表することは、今後の日本の動きというものが、良きにつけ悪しきにつけ、人類のお手本として、雛形《ひながた》になって行くのかも知れません。

この一週間は、光へと引き上げて頂けている分、瞑想と同じように、仕事中もすべてを委ね、細胞一つひとつまで、毎瞬、知抄の光で地球を統一して頂く、決断に継ぐ決断で過ごしておりました。一歩一歩、光の源へ向かって光の道を進めば進むほど、日常の中での毎瞬毎瞬の、知抄の光への熱き思いと、感謝で、

救い主　知抄の光

暗黒の地球をお救い下さい―　と

祈りにも似た、雄叫びの実践が欠かせないことを、魂で、また身体で、精神で実感しておりました。一つひとつの体験、そして、気付きを実行実践することで、すべてを投げ出し、喜びと賛美と感謝を捧げて前へ進めるのでした。

(14) 二〇一二年 六月 二十四日

光と化している地球は
三次元から光へと移行しつつあります

今日は、宇宙空間に聳《そび》え立つような、氷山のような、エベレストより高い山が見えました。それは、これからの地球が通過する一つの姿のように感じられました。魂の奥へ確信と共に進むと、ものすごい黄金、それもオレンジがかった黄金の救い主、知抄のお姿が見えました。

遥か彼方《かなた》に見えているようなのに、私の魂の奥から外へと御出ましになられる感じがしました。すでに、救い主、知抄と一体となり、光人として、私の肉体の細胞一つひとつまで、骨の中の髄《ずい》まで作り変えられ、変わって行くのが判りました。

地球の様子も、それに合わせて、急激に黄金に輝き出し、全体の姿が浮かび上がり、眩しく輝き始めました。目映《まばゆ》い輝きに、圧倒され、眩しさに平伏しました。

光人として地球丸ごと携えて、宇宙の中をずっと進んで行くと、見たこともない大きさの、全宇宙を隅々まで照らし出すほどの黄金の光が現れました。光の粒子で発光していて、その球体は、光の粒の集合体でした。そこへ、地球と共にどんどん近付いて行きました。その光に比べると、地球は砂粒ほどの小ささです。地球と一体となって、私は、その黄金の光の中へと入って行きました。人間が見たこともない燦然《さんぜん》と輝く、知抄の光の在られる創造界の領域、光の源でした。

地球を光と化す、救い主、知抄の光で統一される地球は、やがてこのように光の源の中に地球が入って、一体となって行くことを今、これからの御計画として見せて頂けました。

〈次元上昇〉とか〈アセンション〉とかの短絡的な表現では到底説明できない、光の源の〃**地球を光と化す**〃大計画の計り知れない奥深さを感知させて頂けました。

新しい光の地球に、人間が適応して共存できるか否かは、自らが、存亡をかけて、自由意思で〈魂の光〉を自由に解放し、〈光そのもの〉として地上に顕現して、生きるか否かにかかっているのです。誰も、命令も、強制も、お誘いも致しません。自らが自らを救う自力救済です。

地球が今の姿のままで存続するかは、私達〈光人〉一人ひとりが知抄の光と共に、光の源の御意思を顕現《けんげん》するかで構築されて行くのです。

山は、どんどん聳《そび》え、新たに生まれ、また谷を作り、すべてを知抄の光の威力によって作り変え、新たな構築がなされ作動しているのです。これらの見聞きしたことは、まだ三次元の地球人類には理解できませんが、人類が知る天体としての三次元の地球は、大飛躍し脱皮します。刻々と光が増すごとに、いずれ肉眼でも違いが判る程、霊的なより崇高な、救い主、知抄の光の、創造界の領域として、喜びと賛美と感謝に満ちる、光の源の御意思が作動する天体に移行しつつあるのです。

(15)

二〇一二年 七月 九日

光の源　知抄の光の創造界に　かつて神話に登場した神々様が　勢揃いされていました

今日は、頭頂が開くように、天空がパカッと開き、天界の扉が開いた感じがしました。まるで、今まで地上から見上げていた空が、実は、絵か何かで、それが外《はず》され、その向こうに本当の空があり、開いた感じが致します。開いた天空には、無数の見たこともない星雲があり、その多くが深いグリーンの光を放っているのでした。その星々の中へと続く、広い緩やかな階段を登るように進んで行きました。

救い主　知抄の光と共にある
この喜びと　賛美と　感謝を
光の源へ捧げて　平伏《ひれふ》す思い

で進むと、目の前に、光の源、知抄の光の創造界に在ることが、はっきりとして来ました。全く今まで、何の宗教にも無関心で、信仰心にもほど遠い私でした。かつて神話等に登場した神々様、そして、聖なる方々が一斉に蘇り、この場に呼び戻され、集まっているご様子が判り、驚きのあまり平伏《へいふく》しました。

その場に居るだけで、ひしひしと迫ってくる、実在する救い主、知抄の光のご威光と、その恩恵を感じとって、ずっと頭を上げられず平伏していました。そこに集《つど》い在るすべてが、地球存亡、人類存亡をかけて、地球を救う為に知抄の光の元へ、宇宙の有りとあらゆる果てから、集結してきていることが、鮮明に判ったからです。地球が今どういう状況下に置かれているのか、三次元の肉体人間が、このままでは適応できないことが、その様子から判らせて頂けるのでした。

再度の瞑想では、光人だけで、具体的な目的意識を持って、共に一丸となって致しました。はじめ福島第一原発、四号機の原子炉の中に私達は居りました。気泡のように何かの粒が無数に立ち上がり、肌でも感じられるほどの命懸けの使命遂行を、救い主、知抄の光を死守し、共に光を放ち注ぎました。どんよりした重苦しさから、明るい喜びの光に変容した時、四号機自体が、カプセルのように宇宙空間に浮いて、光の源へとすべてを共に携えて行きました。

危険な〈核〉そのものを地球上にもたらし、それを無知な地球人類が、喜んで使うように仕向けた、原子力発電所の背後にある元のルートが自然に、知抄の光の威力で照らし、あぶり出されました。いつの間にか、プルトニウムそのものの起源でしょうか、ビッグバンそのものまで行き着きました。その瞬間から、根こそぎ今の〈地球に存在する核〉から、放射能の作動する力を無にするような方向へと、働きかけている感じになりました。

宇宙生誕の瞬間から、今日の状況はもう連綿と繋《つな》がっており、今もずっと影響を受け続けている感じです。

過去も未来も　〈今のこの一瞬〉に

同時に　在ることがよく判りました

今、こうしているこの瞬間さえも、宇宙に影響をもたらし続けており、この〈根源〉を知抄の光の威力で、瞬間瞬間光に変えていくしかないことが、はっきりと判らせて頂きました。知抄の光と共に、ビッグバンの中に入ったことを感じたら、突然空に虹が現れて、瞑想は、そこで終わりました。

今の地球は、原子力発電所が至る所に安易に配置され、狭い日本列島に五十四基もあります。危機的な地球の状況を認識し、〈大地を受け継ぐ者〉として、この危険を回避しなければなりません。魂が震《ふる》えるような漲《みなぎ》る使命への熱き思いと、喜びと、賛美と、感謝に満ちる、新しい光の地球構築への思いが募《つの》ります。

原子力発電所は
この狭い日本に
五十四基も設置されているのです

今更《いまさら》過去を振り返っても解決策は出てきません。
あるべくしてある良き姿へと誘《いざな》って頂けるよう

救い主　知抄の光
暗黒の地球をお救い下さい―

の祈りにも似た真摯《しんし》な魂の声を、光の源へ届けましょう。

(16) 二〇一二年 七月 十六日 (朝)

福島第一原発は先週より 放射能の濃度が濃くなっています

光人になって、日本列島に光を注ぎますと、福島第一原発は、明らかに先週よりも放射能の濃度が濃くなっていることが判りました。何というべきか、放射能が充満しているのです。一瞬、地球の大地からすべてのものが無くなり、灰だけが残って覆《おお》われている様子が浮かびました。それを見せられた時、地球の存亡、人類の存亡が目の前に来ていて、生きとし生けるものすべて、地球上に住めなくなる瀬戸際《せとぎわ》にあることを、はっきりと気付かせて頂

きました。光の源に向かって、

救い主　知抄の光

暗黒の地球をお救い下さい！

雄叫びをあげ続け、毎瞬毎瞬、光へ行きつ、戻りつしながら、〈光そのもの〉に、各人が確立して行くしか、もはや人間には術《すべ》がないのは、光人も同じです。

大地を受け継ぐ者としての

大使命遂行　共に在ります

救い主　知抄の光

暗黒の地球をお救い下さい ―

寝ても覚めても、救い主、知抄の光を死守し、光を求める、強い確信と、熱き思い、そして実在する知抄の光の威力への、賛美と、感謝を、光の源に届けと叫ぶだけでした。

日本列島は、知抄の光で統一され、どんどん黄金の光の帳《とばり》の中にあります。日本政府を中心に、永田町に光を注いだ時、永田町一帯の東京都の地面の下に、何か得体の知れない気配を感じました。蠢《うごめ》くエネルギーのようで、東京直下型地震が、都心の地下で起こることが、本当にあり得ることが、よく判りました。この大難を小難に食い止め、知抄の光で平定して行かねばなりません。私達光の子、光人、そして地上に住まわせて頂いている人々の意識が、喜びと、賛美と、感謝に変われば、地震だけでなく災害は、かなり軽減されるのです。逆に怒りや、嫉妬や、自己顕示欲の感情を顕《あら》わにする言動は、闇を次々に招くことになるのです。常に、喜びと、賛美と、感謝の中に、光の地球の構成員の一人としての自覚を、持たねばならないのです。

救い主 知抄の光
暗黒の地球をお救い下さい ―

地球人類からの雄叫びが、光の源へ届くまでの声になる時、大きな救いのお計《はか》らいとなって行くのです。

次に世界各国に光を注いだ時、中国は本当に巨大な勢力であることが鮮明でした。人間の力や国の力というより、その根本、背後にあるものを、知抄の光の威力で照らし、光に変えるしかありませんでした。

また、イスラエル〜中東〜アフリカにかけては、人間の根源的なものが原因で、今の状況があることを感じました。アダムとイヴにまで遡《さかのぼ》るほど、人間が背負ってきた人類の足蹟そのものが、すべて集約されているような感じです。光の源に向かって、

救い主　知抄の光

暗黒の地球をお救い下さい　—　と

すべてを投げ出し、救いを求める以外ないのでした。

南北アメリカは、国としては末期のような感じがしますが、それでいて、アメリカ大陸の近くで、今まで感じたことのない、不思議なエネルギーが、目覚め始めているのを感じました。かつて、海に沈んだ大陸が、再び現れ出てくるとでもいうような、今まで眠っていた力が、再び蘇ってくる感じが致しました。

こうして地上に知抄の光を注ぎ、光で照らして、最後、地球全体を見、光で包み込みますと、一刻も猶予《ゆうよ》はならない感じがして、瞬間、光の源へ地球を捧げ、抱えて、飛び込んで行きました。

再度日本を上空から見下ろしますと、本当に黄金に光って、浮き上がって見えるほど発光していました。何か昔に戻ったような、懐かしさを覚え、かつて、八百万《やおよろず》の神々様が降りられて、日本国土を創造された神話の時代の、その時と同じようだと思ったからでした。日本列島のみならず、こうして地球丸ごと〈光そのもの〉へと人類を光へ引き上げ続けることは、光の子、光人が救い主、知抄の光の受け皿で在り続けることでもあります。

瞑想中のことですが、サロンに座す光の子、光人の使命遂行の確信と感謝が、より強く深まった瞬間、光の源、天界の〈光の吾等〉の方々が降りられ、地上へと一気に光の源の御意思が作動して行くことが鮮明に感知できました。

このように一瞬、知抄の光で統一し、次の瞬間、また新たな決断で、知抄の光をお迎えする……この繰り返しによって、〈毎瞬の今〉の決断、実行によって、地球は保たれているのでした。〈今〉の次の瞬間は、地球も人類もなく、地球が今、人類も存在しなかった時代の振出しに戻り、0《ゼロ》地点に戻るような、瀬戸際に来ていることが鮮明に感じられます。

かつて地上に降下されたことのない、万物の根源、光の源直系の御使者、救い主、知抄の光が、地球存亡、人類存亡をかけて地上に遣《つか》わされているのです。偉大な救い主、知抄の光に委ねるしか、もはや術《すべ》がないからです。

すべての人類が天を仰ぎ、地に伏して、血の涙を流して救い主、知抄の光を求めることにまでならぬよう、真っ新《さら》な白紙の心で、ここまで読了できた者から、魂の本性の〈光と共に〉光の源へ向かって、地球を、そして私自身を、光へと引き上げて頂く、祈りにも似た真摯な気持ちで、

救い主　知抄の光
暗黒の地球をお救い下さい　――と

雄叫びを、　あげ続けましょう。

(17)

二〇一二年 八月 二十一日

宗教に捉われている者達も
光へと救い上げて行きます

いつもありがとうございます。日曜日サロン・ド・ルミエールへの入室、本当にありがとうございました。

実在の知抄の光が、今回地上に降臨されていることの重大さが、今まで捉えてきた感じとは、全く違って、まるで雷に打たれたかのように、今まで以上に判らせて頂きました。

〈光の源の地球を光と化す〉この大計画の長い道程《みちのり》が、どれ程重みがあるか……。人間が、言葉にすることすらできないと感じます。そして、救い主、知抄の歩まれた足蹟を辿《たど》りながら、養成されてきた数億劫年の道程《みちのり》が、急に蘇り、瞬間振り返り見て、〈**ここまで来られた**〉ことに、魂が打ち震え、感謝で涙がこぼれました。

私達は、偉大な救い主、知抄の光と魂を分かち合った光の子である確信に、これよりもっと、知抄の光を、六十兆の細胞一つひとつに、お迎えする歩みを痛感しました。

私達人間の地上での在りようと、暗黒の地球の惨憺《さんたん》たる状態に、恥辱の涙がこぼれます。その反面新たなる〈大地を受け継ぐ者〉としての使命遂行に、喜びが、湧いて湧いて、止まりませんでした。

光と化した地球は、私達人間が何を言ったところで、次元が異なるので通用しなくなっていることを、認識しなければなりません。何人たりとも例外なく、二十四時間、知抄の光を浴びているのですから、自らが〈光そのもの〉に、自力救済しないことには、光の地球に適応できなくなっています。

〈そんなことは知らない〉と、三次元の肉体思考の中で論じてみても、既に次元が異なることを認識しなければなりません。どんな伝統を誇る由緒ある宗教も、高邁《こうまい》な教義で信奉者たちを何百万人集めていても、三次元の人間が被《かぶ》っている肉体マントを、光のマントへと、変容できるのは、救い主、知抄の光の威力だけです。この恩恵を、すべての人々が如何《いか》に受け止めるか、自力救済です。

私達はそれでも、地上に蔓延《はびこ》る〈宗教に捉われている人々〉

をも、〈魂の光〉を自由に解き放つ使命を担っていることをも、より鮮明に自覚しています。しかし、光を求めるのは本人です。自由意思で決断しない限り、光と化した地球の光の河で、いつまで溺《おぼ》れておれるでしょう。

今、光の子は〈光人〉として、幾世層かけて養成され、地球の礎《いしずえ》の光として、ここにこうして、実在の救い主、知抄の光の受け皿としてあります。この喜び、使命のすばらしさ、この嬉しさ、有難さは、何ものにも代え難く、本当に人間の言葉では言い尽くすことができません。

今まで、多くの先人達が、地球を救う為に、地上に救い主として、降臨されておられます。今回こそは、万全を期して、地球浄化を成し遂げる、必ずやり遂げる光の源の地球を光と化す大計画であることが、鮮明に、強い決意と共に蘇りました。

私達光の子、一人ひとりの魂に刻まれ、担っている〈大地を受け継ぐ者〉としての使命遂行は、何人たりとも例外なく、自らが〈光そのもの〉として、輝かねばできないことです。今世のみで即席に、この使命遂行が担えることではないのです。

こうして使命に生き、多くの気付きを頂き、知抄の光の手足となって、お使い頂くことで、光の地球を構築しながら、人間進化の階梯を歩ませて頂けるのです。何と感謝を申し上げてよいか判りません。

万感の思いを込めて、光の源へ、救い主、知抄の光へ感謝を捧げます。

⒅ 二〇一二年 八月 二十七日

すでに地球は知抄の光で統一され
いよいよ新しい地球に生まれ変わります

はじめ、魂から光の粒が、いくつかホタルが飛び立つように、宇宙に向かって放たれていくのが、実感としてありました。やがて、光の粒子が魂に満ちて、黄金の光の滝のように溢れ出し、流れ出して行きました。

しばらくすると、今度は、地球の海底にいるような感じになり、それは、太平洋でした。海底には、深い裂け目の溝《みぞ》があり、そこから気泡が幾つも上へと昇って行くのが判りました。

そして、海底から、人々が語らうような、そこに、街があるようで、音や、声が、微《かす》かにするのでした。まるで、波音に乗って所々聞こえてくるように、人々がそこに住んでいる気配が、微《かす》かな微細な波動になって、響き伝わってくるのでした。

海底の深くに、今まで人類が知らない処があり、もう一つの世界がある、ということが感じられました。

次に、目の前に、新しい星や太陽が生まれ変わったような、黄金の光り輝く星が現れました。その星が黄金の光の海になって、宇宙に拡がっていき、地球も照らされて一体化し、地続きのようになりました。

今在る、三次元のこの地球は、黄昏時《たそがれどき》を迎えており、同時に夜明けも迎えていて、新しい星に生まれ変わる、その瞬間のような感じがありました。

瞑想が終わった時、何年も果てしなく時間が経った感じがし、サロン・ド・ルミエールの屋外では、全く違う地球と、星達に、変わっているのではないかと、タイムスリップした感覚でした。

瞬間、地球を抱え、光を浴びせると、光で統一されていく感じが増して、私の細胞一つひとつが輝きを増し、使命の重要さの自覚も共に増して行くのでした。

⒆

二〇一二年　九月　二日

十月　十日は　知球暦　光三年になります
十月八日　みらいホールにてセミナーが開催されます

すべてを、救い主、知抄の光に委ねて、光の源へと進んで行きますと、朱と黄金のすごい光の中に、救い主、知抄の光と一体となって入って行くのが判りました。その領域は、全智全能の救い主、知抄の創造の力が間断《かんだん》なく働いているのが、鮮明に、共に在ることで判るのでした。

時折目を開けて、サロン・ド・ルミエールの室内の様子を見ると、どんどん光が増して、絨毯《じゅうたん》も発光して眩しく、実在の知抄の光が、空間に満ち満ちているのが鮮明になっておりました。

壁面に展示されている、実在する知抄の光が御降臨されている、光のお写真からは、生きた実在の光が御出ましになられていて、まさに光の帳《とばり》そのものでした。どなたのお顔も輝き、〈光そのもの〉としてありました。

そして、魂も身体も、内から熱い光の粒子で統一され、小宇宙である私と、地球とが一体となっている感じがあって、もはや、区別できませんでした。

こうして、光の子等が実在の〈光そのもの〉になることで、地球が救い主、知抄の光によって、より光が増して、統一されていくことが鮮明でした。

光と共にある一瞬の、地球との一体感のこの中で、瞬間で、目の前の地球を構築する、光の源の創造の原理を駆使《くし》していると、自分が物質界の古い感覚の中に、引きずり込まれそうになることがありました。闇は休むことなく光に向かって抵抗し、反発を繰り返し、隙《すき》あらば攻撃して来るのでした。

光の源への道は、これで良いという地点も、また、そこまで行けば、もう後退する心配がないという、地点もあり得ない、永遠《とわ》なる旅路です。

数え宇多《かずうた》 ⑨番

ここは　ここまで来ても　永遠《とわ》なる学び

（謙虚《けんきょ》　謙虚《けんきょ》で　キョン　キョン　キョン）

を、思い起こしておりました。

〈大地を受け継ぐ者〉としての使命遂行の日々の中で、揺るぎもない礎の光として、知抄の光を地上に放ち続けるだけです。

三次元の暗黒の地球の中で、〈**光の生活**〉をしていくことは、この生き様が、光を求める地上の人々の、新たな光への歩みを、導くことになるのでした。言葉さえ不用であり、光を放ち、浴びせ、注ぐことで、あるべき良き姿へと誘う、実に何もない〈シンプル〉なものに、ますますなって行くことが鮮明になって来ています。

光の地球は、光の帳《とばり》の中と、三次元の肉体に留《とど》まる暗黒の地球に居るお方と、二分化され、地上は一時《いっとき》ですが、平定までに暫《しば》し、各人の葛藤《かっとう》の時間を要すると思います。巷に於ても、おかしな現象が今起こっているのは、それ故です。人間の思考支配の有史が一転したからです。

それは、光の地球の波動に適応しないが為に、三次元の思考人間の考える力が、全く作動しなくなっているからです。これは、各人の旅路によって、一律ではありませんが、私達は、すでに思考が停止してばかに成る体験を幾度もしてきております。

私達、光の子等が、〈光人〉として、知抄の光の実在の光を放ち、目の前の日々の闇を光に変え、地球を構築して行った時、政治も経済も、すべてが良い方へと導かれ、**真の自由と、真の平等と、真の平和をもたらす、喜びと、賛美と、感謝に満ちる、光の地球が、理想でなく、少しずつ具現化されて行っていることが、振り返って見ると、手に取るように判るのでした。**

各国のリーダー達が、今抱えている争いごと等は、そんなことに捉われておれないようなことが、次々と起きて来ることを、私達は、視野に入れておかねばならないと思いました。

破壊的想念が増すほどに、破壊的想念がどんどん集まって来ることを、そこに住まう人々は、忘れてはならないのです。

瞑想の最後に、黄金の光の中から、偉大な救い主、知抄の光、その目映《まばゆ》いお方が、地上に御出ましになられる気配を感じました。瞬間、地球も、私自身も光人として、救い主、知抄そのもので在られる、実在の知抄と一体となり、その一部であることが、魂で、細胞一つひとつで、鮮明になって行きました。

いよいよ、光の源直系の御使者、地球を救い、人類を救う偉大な救い主、知抄の光で統一された **知球暦、光三年を**

二〇一二年 十月 十日、迎えます。

横浜のみらいホールで、十月八日開催されるセミナーは、その前夜祭に匹敵する光の宴《うたげ》であり、地球が大きく光を増し、光の地球であることが、一般の人々にも鮮明に、顕《あきら》かになることでしょう。

十月八日、いよいよ目の前に迫り来る、光の源への旅路に、聳《そび》える光の山を、知抄の光を死守し、自らが輝き、〈光そのもの〉になって、光を切望するすべての人類を引き上げ、共に行く、光の子等の決意を、救い主、知抄の光に、そして光の源に捧げます。

それは、視点を変えれば、地球も、人類も、〈光の河〉を渡り切らねばならないということになります。

偉大なる救い主　知抄の光
暗黒の地球をお救い下さい
喜びと　賛美と　感謝を捧げます

この真摯な祈りにも似た
光への熱き思いと感謝を込めて
光の源へ届けと
魂の奥へ　奥へと願うだけです

二〇一二年 十月 十日

知球暦 光三年 を寿《ことほ》ぎ

知の時代を刻む

〈光の子・光人〉として、全智全能を、一瞬の閃《ひらめ》きで引き出し、

新たな光の地球を構築して歩みます。

(20) 二〇一二年 九月 十日

救い主 知抄の光で統一される光の地球は
遺伝子による伝達でなされます

今日、サロン・ド・ルミエールで座しておりますと、すごい黄金と朱の光のみの空間に、やはり黄金と朱に輝く、救い主知抄様の御姿が現れて居られました。

そこは、広大な宇宙の外のような、人間の言葉では説明できないのですが、まさに宇宙創造者、つまり神様がおられる、宇宙の源そのもののお方なのでした。人間が知るはずも、お目にかかれるはずもない、全宇宙のすべてを創り、司る、そのお神様であることだけは判るのでした。

そのお方の御前にあるうちに、ある瞬間、自分の全細胞の遺伝子の一つひとつのすべてが、突然そこに刻まれている情報の源が、宇宙創造者の一員で在られる、救い主、知抄の光であり、全人類のＤＮＡの中には、この情報が刻み込まれていることが、鮮明に判ったのでした。

無数の染色体の組み合わせのその中で、今まで気付かずその中に眠る救い主、知抄の光の存在を、微《かす》かに救い主、知抄の光を求めずにはいられない者達が、出て来始めているのです。それは、私達が知抄の光を放ち、浴びせる度《たび》に、一つひとつの小さな光が、地球上のすべての人類の遺伝子の中で、急に目覚め始めた感触が、私の体内の細胞一つひとつで、感知できました。

自分の細胞一つひとつの、遺伝子内の高次の光への引き上げでしょうか、意思を持った、救い主、知抄の光の威力が今、地上人類の求める者に作動し始め、人間の遺伝子内でも、共鳴し始めて、遺伝子の内に刻まれた、人類の生みの親である、〈救い主、知抄の光が、地球を創り、人類を創った宇宙創成の一員で在られる〉記憶が今、私の中で有意識となって、蘇《よみがえ》るのでした。

人類すべての者の古里《ふるさと》であり、人間にとって、生命《いのち》の根源の光の源を、切望せずにはいられない遺伝子の作動が、人間一人ひとりの中で、今、目覚め始めたのです。

地球すべてを創造し、司る〝後ろの正面〟に居られるお方は、あの童謡の〈かごめの歌〉のとおり、救い主、知抄の光であることが、鮮明に判りました。これこそが〈神様〉であるという実在の真実の証を、私達が目の当りにするのも、遠い日ではないのでは……と。

その間ずっと、朱と黄金の知抄の光の領域に、私達〈光人〉は共にあり、すべてを知抄の光に委ねきり、自分自身の細胞一つひとつまで、光の御意思ですべて統一されている時、すべての願い、思い描いたことが、光を求めている人々へと、遺伝子を通じて、ほんの一点に伝わるだけで、あるべくしてある、良き方へと誘《いざな》われて行くのです。

使命遂行者が、救い主、知抄の光の水辺にあって、救い主、知抄そのものであることが、光の地球の構築に、どれほど、重要なことか、大地を受け継ぐ者としての使命の重みを、今日は、確《しか》と受け止めることができたように思います。

万物の根源である光の源は、刻々と先へ先へと進み続けており、宇宙が膨張し続けているのと同じスピードで、行けども行けども、前へ、遠くへと進んでいて、救い主、知抄と共でないと到底従《つ》いては行けないのでした。

光人として、確《しか》と研鑽《けんさん》致します。

光人〈ヒカリビト〉記

第三部

地球浄化の礎の光

光の子・光人　等　の歩み

①　金粉が降ったり、景色まで変わる　光の地球
私の頭も〈イカレテル〉？？？

二〇一一年　五月　五日

光をいつもありがとうございます。

急に身体の中から、力が湧き上がる感じになり、胸が熱くなりました。

〈知抄の光に呼ばれたようで〉、窓を開けて外を見ていたのです。私は目が良いらしく、無数の粒子が絶え間なく、地上に降下してきている様子に、〈人間の身体は大丈夫だろうか？〉少し心配になりました。

知抄の光にお願いしようと、いつものように〈指帰の宇多《しきうた》〉のご本を持っていたので、〈ご本に粒子がかかってはいけない〉と思い、表紙を拭いてみると、なんとそれは、金粉が表紙に落ちていました。よく見ると、いっぱい金粉が付いているのです。〈今まで見逃していたのかな？〉と思う反面、**〈ご本から金粉が出て**来たのではないか〉、とも思いました。

二〇一〇年 十月十日と十一日、横浜の桜木町駅、側にあるみらいホールに於て、セミナーが二日間開催されました。そのセミナーに参加された方々による、当日の貴重な体験が〈指帰の宇多《しきうた》〉として、サロン・ド・ルミエール編纂のご本になっているのです。

当日のセミナー会場では、本当に金粉が降り注ぎ、靄《もや》っていました。〈知球暦　光元年〉の記念すべきこの日に、参加された方々の顔や両手にも金粉が出た事実を、ありのままを記録した内容です。

このご本の表装を見るだけでも、私は嬉しくなるので、いつも側近くに置いてあります。

ここ数日、家の近くに咲いている花が、突然、色が変わったのです。何本かの樹に白い花が付いておりました。それが黄色に変わっているのです。あまりに不思議で、〈光と化した地球〉は、花の色まで変わるのかと、半信半疑でおりました。〈ありのままを受け止めないと、前には進めないな〉と思っていたのですが、本当に不思議です。〈私の頭の方がイカレタか〉—と、三次元のいつもの思考パターンに戻ってしまいました。

〈指帰の宇多《しきうた》〉のご本の表紙に出現した、この金粉は、〈しっかりと、目の前で今起きていることを見て、すべてを知抄の光に捧げ、前だけ見て、光だけ見て、進みなさい〉と、〈魂の光〉が私に、注意を促《うなが》されたようでした。

光と化した地球は、刻一刻と光が増し、すでに地球の次元が変わって来ているのに、花の色が変わることを、不思議に思うのも全く変な話で、既成概念の捉われなのだと思いました。

瞬間瞬間、一呼吸一呼吸、三次元の肉体を出て、何も持たず、実在する光への熱き思いのみで

救い主　知抄の光

暗黒の地球をお救い下さい― と

〈魂の光〉と共に、その奥へと、実在の救い主、知抄の光を求め、切望し、光の源へ、喜びと、賛美と、感謝を、捧げました。
この日、私が職場に居ると、なんと、ストレッチのマットにいっぱい金粉が降って来たのです。さすが、何も知らない前列の生徒さん達も気付かれて、驚きの表情で目を丸くしておりました。そして、瞬間、皆さんのお顔の色が白くなり、嬉しそうで、柔和な雰囲気に変わりました。重ね重ね、本当にありがとうございます。実在する知抄の光に、感謝をもっと捧げます。

（U・H）記

② 智超法秘伝　実技講座　日曜教室にて
思考人間は、従《つ》いて来られなくなっていました

二〇一一年　五月　八日

綺麗に輝く、お庭で採れたサクランボを、今年も、お教室の私達に分けて下さり、ありがとうございます。サクランボを見た途端に、「わーっ」と、歓声があがりました。嬉しそうに、皆で収穫されたサクランボを一巡回して愛《め》でました。皆さんのお顔も、幼子の様に可愛かったです。ルビー色に輝く宝石は、今日は、多人数でしたが、皆さんに充分に行き渡りました。

お教室は、段々光が増していて、このお教室では、学んだこと

を、日頃、実行実践していないお方は、従《つ》いて来れなくなっていました。次元が全く異なることが、この教室では誰の目にも、鮮明になって判ってしまうのです。

良いとか悪いとかでなく、ここまで学んで来たお方を、見捨てることはできませんが、光への熱き思いのないお方は、一瞬、光へと引き上げても、すぐ思考の闇に落ちて、三次元の肉体思考人間に戻り、〈魂の光〉が、失せてしまいます。

物質界の三次元で、今まで通りの人間をやっているお方は、光の地球に適応できるまでになるには、いばらの道かも知れないと思いました。

救い主　知抄の光

暗黒の地球をお救い下さい―― と

魂の奥へ向かって、降臨されている知抄の光に委ね、お願いすれば、ここまで学んで来られた方々なら、即、〈光そのもの〉になれるはずです。それが出来ないお方が、ここに来て目につきます。感情体の三次元で、〈個や我〉を出し、人間の思考をめぐらしていては、光へは来られないことが、鮮明になりました。

頭で考えを巡らすほどに、余計〈**インテリ馬鹿**〉とご指摘頂いていたことを、今日こそ本当に実感致しました。それ故、救い主、知抄の光を魂に掲げることで、光へと救い上げられるこの恩恵に、すべてを投げ出し、喜びと、賛美と、感謝で平伏し、自らの決断で、熱き思いで光を求める、この一瞬の今が、どんなに大切かよく判りました。

今日のカリキュラムの中で、〈お便《たよ》りのご紹介〉がありましたが、本当にすごい内容でした。お聞きしているだけで、私の意識も無くなりそうな、ものすごい、救い主、知抄の光が実在として降下されたように、感じられました。身体中が振動し、細胞一つひとつが、小刻みに、感謝と、感動と、救い主、知抄の光への威力に、震え出しそうになりました。私にとっては、初めての衝撃的な感覚でした。ご紹介されたお便りは、一年未満の、まだ学び始めて新しいお方のようですが、

〝人間とは　本来〈光そのもの〉である〟

この基本を、しっかりと身に修めておられることに驚かされまし

た。本当に、本性《ほんせい》の〈魂の光〉が、肉体にまでご降下される証でした。

〈光そのもの〉である強い自覚を持てば、知抄の光の威力によって、肉体マントを光のマントに変容できたお手本でした。

こうして、いつも側近くで、救い主、知抄の光を浴び、救い主知抄より、直接のご指導を頂いて来た私達光の子は、誰よりも自力救済で、光を死守しなければ、地球浄化の〈礎《いしずえ》の光〉として、まだまだ脆《もろ》いと思いました。

人間は、日々、毎秒、生命《いのち》の光を頂いて、こうして地上に生かされているのに、感謝も感動もすぐ失せて、地球を救って下さるのに、知抄の光に委ねるという認識すらも忘れ去ってしまうのです。今より、瞬間瞬間〈魂の光そのもの〉となって、知抄の光のご意思を顕現《けんげん》致します。

五月九日、いよいよ明日は、福島第一原発の建屋の中に、作業員のお方が、事故後、初めてお二人、入るということです。当初の事故発生から、光の源直系の御使者、救い主、知抄の光の威力の恩恵で、福島第一原発に、その管理に従事している数百名の方々に、昼夜を通して光を注いでまいりました。まだまだ、平定するまでには、油断は禁物です。しかし、大きな光への一歩と明日がなることを、まず、地上の指揮官、救い主、知抄と一体で在られる光の源、直系の御使者、救い主、知抄の光に、ここまで従《つ》いて来られたことを感謝し、万物の根源である光の源へ、喜びと賛美と感謝を捧げました。

三月十一日に東北の被災地で、津波でビニールハウスのカーネーションがなぎ倒されていたのに、たくさんの蕾《つぼみ》が開いて、綺麗な花を咲かせている映像を、ニュースで今日見ました。知抄の光が、被災地の隅々まで、万物の根源、生命の光で照らしていることを私達に、見せて下さったようで、とても嬉しかったです。

被災されたお方の悲しみ、不安、恐怖感、不平や不満を、一瞬でも、喜びと賛美と感謝に満ちる、知抄の光の帳《とばり》に引き上げることを、怠ることなく、光を放ち、注ぎ続けます。

お教室で頂いたサクランボは、家人も、「まあ、かわいい」と、子供のように、喜んで頂きました。

今日は本当に、空も澄み渡り綺麗で、明るく、穏やかな、平和な、空気に包まれていました。窓外を見ると、黒い雲がぽっかりと浮き出て、間近に迫ってくる感じがしました。

瞬間、光から目を逸《そ》らしてしまい、私は、また三次元の人間に戻っていて、〈光そのもの〉ではないことに、気付きました。

人間とは斯《か》くも、三次元肉体の闇の中にいる感情体であることが判りました。

すぐに、肉体を出る決断をし、光への熱き思いで、

救い主　知抄の光
暗黒の地球を　お救い下さい―　と

すべてを投げ出し、魂の本性《ほんせい》の光と共に、魂の奥に向かって叫び、本当の自分である〈魂の光〉を、自由に解放して頂くようお願

いしました。
本当に一瞬しか、人間は、光と共に居れないことを、実感致しました。それ故に、〈今のこの一瞬〉が、如何に光の地球では大切か、**〈光へ行きつ、戻りつ〉が、自由自在にできるまで**、研鑽《けんさん》致します。

（I・M）記

③ 人間を超える智超教室

神宮外苑フィットネス　火曜教室にて

二〇一一年 五月 十日

地球上のいろいろな国々で、神様と人類から崇《あが》められて今まで来た、畏《おそ》れ多き神々様が、挙《こぞ》って、すべて、救い主、知抄の光の周りに居られることが、今日判りました。

地上の指揮官、救い主、知抄の地球を救う決断、人類を救う決断、地球そのものとしての決断の元に、〈救い主　知抄の光の吾等〉が、光の群団《ぐんだん》として、地球全土を、瞬時に光に変えて、光へと引き上げ、光の源へ向かうよう人類を誘《いざな》う、想像もできない、ものすごいことが今起こっていることが、鮮明に理解できました。

その総指揮官は、正《まさ》しく人間知抄の御魂《みたま》であることが、今日神宮外苑フィットネスクラブ、火曜教室に参加し、入静《にゅうせい》の時に気付かされ、思わず嬉しさが、全身に爆発しました。

そして、自然に心身共に軽く、爽《さわ》やかになって、軽く軽く、頭の天辺《てっぺん》から引き上げられ、床から浮いていたようで〈ドスン〉と着床し、その音で〈**浮上していたことに**〉気付かされました。

そして、お教室で共に学ぶ皆さんの喜びの声が、爆発していました。

（U・H）記

④ はつらつ元気教室にて、三十年間の高血圧症と、腎臓硬化症が正常値になりました

二〇一二年 三月 十二日

七十七歳になりますす主人は、三十年間、高血圧症で苦しんでおりました。あちらこちら、悪いところばかりで、沢山《たくさん》の薬と共に、日々の生活をやっとの思いで過ごしていました。

〈はつらつ元気教室〉が開講になり、二〇一一年十二月、第三木曜日の二回目から、参加させて頂きました。

その後日、病院の定期検査を主人が受けましたところ、高血圧症が正常値になり、また中性脂肪の値も標準値になり、お薬を飲

まなくて済むようになりました。

そして、コレステロール、血糖値も正常値に戻ったのです。私も病院には主人に付き添って共に行きますが、更に驚いたことに、長い間の高血圧のため腎臓硬化症でしたが、こちらも正常に戻ったのです。

担当のお医者様は、医学的には腎臓は一度悪化すると現状を維持するか、悪化するのが普通であり、正常に戻ることはまず無いとのお話でした。本当に不思議だと、首を傾《かし》げていらっしゃいました。その後、高血圧による動脈硬化症も正常値になりました。

お医者様は、年齢と共に老化していくのが普通なのに、どんどん良くなり、若返ってきて、本当に不思議だ、不思議だと、話されたそうです。

主人は一人で病院に行き、嬉しそうに帰ってきて、「次に行く時は担当医の先生に、知球暦〈光元年〉の知抄先生のご本を差し上げようと思っている」と、笑顔で私に申しました。本当に幸せそうな主人を見て、私も嬉しく、本当に安堵《あんど》致しました。

嬉しく楽しくなる、〈はつらつ元気教室〉に、二人で月一回、参加させて頂き、こんな恩恵まで賜《たまわ》り、感謝以外ありません。知抄の光に感謝を捧げ、捧げ、捧げることで、主人も私も、そして共に学ぶ皆様も、また元気にして頂きました。こうして私達の体験だけでなく、共に学ぶ皆様のすごい体験を通して、貴重な学びを頂き、知抄の光への揺るぎない確信を深めました。

近年どこへ行くにも、主人が一人で出かけることはなかったのですが、心身共に元気になり、大好きなジャズやクラシックのコンサートに、私をおいて自分一人で出かけるようになり、ちょっと淋しいやら嬉しいやらの、贅沢《ぜいたく》な悩みを頂いております。

主人は、朝起きて元気で目覚めたことに感謝し、本当の本当の救い主様だと、知抄の光に感謝し、そして、美味しく二人で食事が頂けることに感謝し、自分の好きな仕事ができることに感謝し、感謝と喜びの中で過ごしています。

「ますます元気になるぞ！」と、雄叫びをあげて、教わった元気になる〈智超法気功《ちちょうほうきこう》〉を、嬉しく、楽しく実践しております。

本当に本当に嬉しいです。感謝申し上げます。

（M・M）記

⑤ 救い主　知抄の光を浴びて
閃《ひらめ》きを頂き発明へと

二〇一二年　四月　二十七日

知抄先生

いつもありがとうございます。

この度、私の発明した電子部品が、りそな中小企業振興財団と日刊工業新聞社とで主催する中小企業優秀新技術・新製品賞の優秀賞を受賞しました。

応募総数　約四四〇件のうちの上位十一社に入る非常にありがたい受賞でした。

授賞式には、中小企業庁の長官もお見えになり、本賞は中小企業のコンテストの中でも、国内で最も権威ある賞であると仰っていました。

私の会社の主力製品は、電気信号の伝わる時間を、ほんの僅《わず》かだけ遅らせる非常に単純な電子部品ですが、新しい製品開発にあたり、補助的な機能として電気ノイズを消す方法を思いつき、その商品化を進めるうちに、とてつもない斬新な機能が見つかりました。

それは、現在光インターネットとかでお馴染みの光通信機器に無くてはならない部品になり得るという事でした。

光通信機器は、電子回路の動く速度が大変速く、ノイズも出し放題でしたが、当時そのような動作速度の速いノイズを消す方法がなく、無理に消そうとすると、肝心《かんじん》の通信信号まで消えてしまうという状況でしたが、私の発明した部品は、そのような動作速度の速い世界で、ノイズのみを消すことができる、世界中で全く今までにない動作原理のものでした。

特許出願をするため、過去の類似の発明を調査したところ、何十年間、誰一人この発明に辿り着く人はいませんでした。

このような賞を頂けたことはもとより、コンテストに応募できるような新製品を発明できたこと自体が、今振り返ると奇蹟としか言いようが無く、本当に一瞬の閃《ひらめ》きでした。

この閃きこそが、知抄の光の威力の恩恵であることを強く確信しております。

思えば妻と娘に誘われて、ファミリー教室へ一回、そしてセミナーへ二回で、まだ学んだ時間は少ないですが……。

〈知球暦　光元年〉の知抄先生のご本を読了した時から、興味と関心を寄せておりました。

知抄の光を直接浴びて、身も心も軽くなり、感謝を捧げたことで、人間智では気付けない発明が、閃きと共にできたのだと確信しております。

本当に感謝あるのみです。

知抄の光ありがとうございます。

（K・M）記

⑥ 十五年ぶりに授かった息子と知抄の光と共に生きる

二〇一二年 四月 二十九日

ニューヨークでの光の写真展が、一九九五年夏開催され、十五年ぶりに授かった息子は、この四月、高校生になりました。思春期の微妙な年頃ですが、幼児の時の純粋さが、今でも変わらずにいてくれることが、親として、この上なく本当に嬉しいです。

胎児の時から、知抄の光を浴び、生まれてからも、いつもニコニコしている子でした。よく電車の中で、泣いているお子さんを見かけることがありますが、そういったことが一度もなく、本当に奇蹟のようにいつもご機嫌でした。

私とは、おもちゃを工作したり、本の読み聞かせをしたりしていました。

親のすることを、何でも目聡《ざと》く見つけ、寄ってきては真似《まね》をして、ニコニコとご機嫌で、いつの間にか身に付けているのでした。

幼い時から、私が弾いているギターに触《さわ》りたがり、六歳の時に、日本ジュニアギター教育協会主催の、全国コンクール幼児の部で一位になりました。その時、TBS〈ニュースの森〉スーパーキッズの特集で、取り上げて頂きました。

翌年は、小学生低学年の部でセビリアを弾き、一位になりました。その後、高学年の部や、GLC学生ギターコンクールでも一位になり、十歳の小学四年の時、ＮＨＫ　ＢＳの音楽番組で、東京フィルハーモニー交響楽団をバックに、最年少でギターを弾かせて頂き、話題になりました。

一つのことに取り組む集中力は、親の目から見ても、目を見張るものがありました。

救い主、知抄の生きた実在の光の威力を引き出し、喜び、賛美、感謝の力を、技術、音感、すべてにおいて体現させて頂いていました。

幼い頃から、オーケストラや歌劇、バレエによく連れて行きました。そのせいなのか、中学になってからは、熊川哲也氏のバレエスクールに、バレエを始めるには遅い年齢でしたが、入れてもらいました。親に似ず手足が長いので、親バカですが、舞台姿は様になっていて、カッコ良く見えました。

そして、中学では、ロボット製作を学ぶ機会を与えられて、興味を持ち、マイクロソフト社とベネッセ共催の、ロボットの設計・製作・プログラミング・プレゼンテーションの総合評価を競うコンクールに、学校代表の三人のチームリーダーとして、参加しました。

そこで、高校生チームの参加がほとんどの中、中学生チームでありながら、アドバンスド部門で準優勝を頂けました。このことから、学校もロボットに力を入れ始め、今ではIT研の部長になっていいます。今度は優勝しろと、周りからはハッパをかけられている様です。

すべては、生まれる前から知抄の光を浴び、智《ち》超法《ちょうほう》秘《ひ》伝《でん》を学ぶという、良い環境の中でずっと過ごして来たことのお蔭です。

救い主、知抄の光に見守られ、生命《いのち》の光を頂き、スクスクと育ち進化して、今日に至っていることが、良く判ります。

今は、ファミリー教室と、親子教室に在籍し、北欧神話の読み聞かせを楽しみに通っている様です。

そして、この四月からは、救い主、知抄の光によって、息子と同じ様に才能を開花され、超難関有名中学、〈麻布、栄光、駒場〉の三校合格をして、今、国立筑波大付属駒場中学に入学されたお方と共に、知抄先生の大きな愛により、大人の私が入れない四ッ谷教室で、〈智超法気功《ちちょうほうきこう》〉の最奥儀、高級内丹静功法《こうきゅうないたんせいこうほう》の真髄を学ばせて頂いています。

今、ここに来て、各教室で幼児から共に学んで来たお子さん達が、テニスでスカウトされたり、また、絵や文芸そして音楽等の才能を開花されているのを見ると、二十一世紀は、学歴社会は無くなると思います。

〈魂の光〉を、主として生きる、温もりのある幸せ感を、力強く実現できる、まさに、光の地球に同化できる、穏やかな〈光そのもの〉の、生き様《ざま》。

喜びと、賛美と、感謝に満ちる人柄が、この光の地球に適応し、二十一世紀のリーダーとなって行く確信が、私には息子の成長と共に、今、見えてまいりました。

光の地球は、人間智を振り廻し、理論理屈を言っている者は、逆に思考が停止しているようで、一歩も前へ進めなくなっています。

知抄の光の存在を、魂の奥に認識し、光にすべてを委ねることができるまでは、多くの試練を、私達は乗り越えなければならないでしょう。

人間の頭の中で巡らす思考、そのものが闇ですから、この〈煩《ぼん》悩《のう》〉を白紙にして頂くことが先決です。その為には、魂の奥に向かって、

救い主　知抄の光

暗黒の地球をお救い下さい―　と

実在する光への意思表示をすることで、真っ新《さら》な白紙の心、幼子の様な純粋な心になれるのです。

この純粋な心になれて初めて、〈光そのもの〉として、〈魂の光〉は、自由に解放され、地上を羽ばたけるのです。

今、私は〈負《お》うた子に教えられ〉の諺《ことわざ》の通り、息子の成長と共に、気付きを頂き、学び、教わり、実行に移し、共に家族仲良く、光の河を嬉しく、楽しく渡らせて頂いています。

万感の思いを込めて、光の源へ、知抄の光へ感謝を捧げます。

(N・M)記

⑦ 八十九歳の母と共に学べる この幸せ

私も六十四歳になりました

二〇一二年 七月 十六日

親孝行は親が生きている時にするものだ、と私は常に思っていたので、二十年前父が倒れた時、貯金をはたいて家を改装しました。

動きやすく明るくなった我家に父は毎日、温泉旅館にいるようで嬉しい、ありがとう、ありがとうと大喜びしてくれました。

しかし、私の中では、父を魂の光輝《こうき》へと、永遠なる光の道へと生前に誘うことができなかったことが、悔やまれてなりませんでした。

千駄ヶ谷に新しく開設されたファミリー教室のパンフレットを初めて手にした時、私は、心の底から「どうか、母を知抄の光場へお導き下さい」と何回も何回も切望し続けました。

そして、静岡に住む母にパンフレットを見せました。いつも背中を丸め、下を向いている当時八十一歳になる母が天に届くような声で、

「行きたい！　歩けない、けれど行ってみたい」

と天を仰ぎ、魂からの叫び声をあげたのです。

その声を耳にした時、胸がキューンとして、私は涙がポロポロ止まりませんでした。

本当に母が自由意思で決断したのでした。本当に嬉しくて、

ありがたかったです。

その時から私は、母の杖になろう、母の足になろう、と決めました。横浜に住んでいる私は、前日から実家に泊まり、当日、タクシーで静岡の自宅から函南駅へＪＲ東海に乗り、熱海でＪＲ東日本に乗り換え、小田原へ、そして、小田急線に乗り新宿へ、新宿からタクシーで千駄ヶ谷へ、しばらく駅前の喫茶店へ入り、時間調整と身体を休め、一息ついてからまた、タクシーで神宮のサマディ教室へと向かいました。片道三時間はかかりました。

こうして母は、知抄の光を浴びる機会を得たのです。

当時の母は、歩くのも困難で、右と左の足を比べると、左膝の太さが倍も違うほど、左足が太く腫れておりました。食べ物もだんだん口にするのが少量になり、気力、体力の衰えは日々、老衰へと向かっておりました。あまりおしゃべりもしないで、食事とトイレ以外は家の中でゴロゴロと寝ておりました。

いつもうつむき、無口なのは、四十歳の時にゴルフの球が右目に当たり、失明しているからでもあります。

この事故の時も、〈自分が悪いのです〉……と、加害者の責任を追求することを放棄し、周囲の者をヤキモキさせる程、お人好しぶりを発揮しております。

私は、今六十四歳になりましたが、子供の時から病弱で、両親に、特に母には、本当に大きな負担をおかけしてまいりました。今こうして二十五年勤めた会社を無事に退職し、老後の安定をこうして知抄の光と共にあることは、母のお蔭でもあります。

戦後の日本人すべての者が大変だった当時、二人の兄と病身の私を抱え、今のように何でも自由に手に入らない〈ない、ない……ずくめ〉の荒廃した貧しさの中で、いつも明るく絶対に〈愚痴《ぐち》一つ〉悪い感情を見せなかった、父と母の明るい家庭は、貧乏の中での明日の食べ物にも困窮《こんきゅう》するほどの、どん底の中でも挫けず、明日に希望を抱き、肩寄せ合って、〈今日一日の糧《かて》〉を頂き、あるがままの生活を過ごすことが出来ておりました。こうした若い時の苦労は、今、五十キロの重さでも持ち運び出来るほどの、私の頑丈な身体と、強靭な心とを、もたらしてくれました。

こうして、月一回、母はどんなことがあっても第三土曜日に開催されるファミリー教室で、知抄の光を浴び、母なりに大きく変容しておりました。

そして、二〇一一年十一月、〈二〇一一〉サロンの光場で、シニア対象に、〈はつらつ元気教室〉が開講され、八十八歳の母は、大喜びで受講のチャンスをゲットしたのです。

手押し車につかまり、やっと歩行できるようになっていた母は、この日より、シャキッと、自ら立ち、身体は本当に見違える程、どなたでも驚く程の知抄の光によって、変容しました。おいしい食べ物も、座って、両手にお茶碗もお箸も持ち、固いご飯も飲み込め、咳き込むこともなくなりました。杖がなくても部屋の中では、一人で歩きます。ゴロゴロ寝てはいません。顔の皺《しわ》も伸びて、顔をあげて、お写真を見たり、月一回の〈はつらつ元気教室〉を心待ちにして、素晴らしいお仲間と、やさしく御指導くださいますスタッフの皆さんに、お逢いすることが嬉しくて、幸せな様子です。そればかりでなく、美容院に久々に行くようにもなりました。

私が静岡の自宅へ送って行きますすと、玄関を開けてすぐ、〈ケーキ〉を皆《みんな》に食べに来て頂く……と申して、スタスタと、御近所の母に近い年齢のお方を、三人もお誘いして帰って来たのには、私もそして、お友達もビックリです。年々、日々、老いて行く母が今こうして、知抄の光の威力によって、〈あるべくしてある姿〉に導かれることに、万感の思いを込めて、感謝を捧げます。

そして、いつの間にか、二十回の分割払いで購入した、大きな立派な地球儀を部屋の中にデンと置いて、いつもお友達に話しかけるように、くるくる廻しながら、楽しかったことをつぶやいているのです。

　そして、**知抄の光、ありがとうございます**――と、時々地球儀を両手で包み込むように撫でて、〈ありがとう〉……と満足げな顔をしているのです。私は今、嬉《うれ》しく、幸せです。母の魂の光が八十九歳にして、今蘇り、光の地球に適応して、こうして、共にあることに、喜びと賛美だけです。

　ありがとうございます。

（G・A）記

⑧ 八年ぶりに戻って来ました
〝やっぱり智超教室はすごいなあ〟

二〇一二年 七月 二十二日

七月の三連休、居ても立っても居られず、八年ぶりに教室とセミナーへの参加を急に申し出ましたが、温かく受け入れて頂きありがとうございました。岩間ホールでの七月十六日のセミナー終了後、帰りの新幹線最終便に間に合うように急いでいて、お礼の言葉も不十分で帰途につきまして失礼しました。

早くも一週間経ちましたが、この一週間はセミナーの余韻を噛《か》みしめつつも、淡々と過ごしておりました。職場では二十年ぶりの大改革が進行中ですが、光と共に居れるよう心がけています。

〈やはり智超教室はすごいなあ〉という感動と温もりで、あっと言う間の三連休でしたが、セミナーの成果を身に修められなくて、失速してしまっては、何のための上京か、という思いでおっかなびっくりで、過ごしたこの一週間でした。幸いにも失速なしで、この一週間を過ごせたのではないかと、このお礼の手紙を認《したた》めております。

八年前に大阪へ戻って智超教室との縁も切れたかな、と思っておりました。しかしながら、四年前から、仕事でも、私生活でも激変が続き、その結果が八年ぶりの教室、セミナーへの参加へと繋《つな》がりました。この激変というのも、いろいろな人物や知識との出逢いが絡んでいて、その要因を一言でまとめるのは難しいのですが、その中には合気道に入門、という東京時代からは想像もつかない経験もあります。

魂の光輝を求める思いで、はっきりと一線を画したエピソードの一つとして、〈数《かず》え宇《う》多《た》〉を家庭や職場で聴き始めたことです。こっそり始めていたのですが、「あれ?」と思うほど、周囲の空気が徐々に変化したように感じました。東京時代には、〈叫べば応えて下さる知抄の光〉ということを、教えてもらっていても、さっぱり応えてくれているようには感じていなかったのです。人生経験を積むに従い、今ようやく魂に、スイッチが入ったようです。それからは、あれよあれよと言う間に、いろいろと仰天するような経験や、人物との出逢いが重なり、奇蹟的なことが起こり、良い方向へと導かれたと思います。

この八年間、ずっと心の中にあったのは「これって、智超教室で体験したり、すでに聞いたことでは？」という思いでした。特に〈人間智の思考の闇〉という言葉を、繰り返し何度も、当時教室で聞いたのですが、判ったつもりでしたが、さっぱり何のことか判ってはいませんでした。しかしながら、合気道とか武術を齧《かじ》り始めて、インテリ馬鹿の私にも、ようやく智超法秘伝《ちちょうほうひでん》の**〈思考の闇を切る術《すべ》〉**というのが、どうも武芸者が一生をかけて探し求めている極意のようだと、ウスウス気付いた時点から、俄然《がぜん》と、知抄先生の著書、宇宙意識への階梯《かいてい》〈指帰《しき》の宇多《うた》〉とか、魂の光輝、光への道標〈智超法気功《ちちょうほうきこう》〉第二巻とかを、興味を持って読み返しておりました。特に、昔の教室テープを押し入れから引っ張り出して聴いたところ、話の内容はともかく、久しぶりで聴くと「あれっ」という感じなのです。昔は、話の内容にばかり気を取られて、難しく感じていたのですが、数年ぶりで聴いたところ、内容は判らなくても、気持ちの良い音楽を聴いたような感動を覚えました。

他にも智超法秘伝《ちちょうほうひでん》〈数え宇多《かずうた》〉の中で、〈謙虚《けんきょ》 謙虚《けんきょ》でキヨンキヨンキヨン〉とか、〈永遠なる学び〉とか、真実の教えが、さり気なく散りばめられていることに、瞠目《どうもく》しつつ、多くの気付きを頂きました。そして、子供はともかくも、大人まで〈数え宇《かずう》多《た》〉を無心になってうたうということが、真っ新《さら》な白紙の心になる為に、どれほど大事かということにようやく思い至ったのです。

　このように私なりに、智《ち》超《ちょう》法《ほう》秘《ひ》伝《でん》の教えを再確認した末に、私の直感を確かめたくて、**八年ぶりの教室参加となりました。**「やっぱり」と心底納得のいく、昔と変わらない〈シンプル〉さでした。八年前とやっていることは変わりませんが、かえってそのことで、学びの深さを今回は、確実に感知でき、目から鱗《うろこ》が落ちました。

　新しい知識を取り入れることにも、己れの既成概念で拒否していては、身に付くはずもありません。真っ新《さら》な白紙の心にならねば、魂の光にはなれません。

　そのことはセミナーで、今回多くの気付きを頂きました。プログラムが進行するにつれて、参加者を見ると、全員のお方に共通な点がありました。それは、〈どなたのお顔や言葉にも嘘・偽りがない〉ということです。私もいろいろと経験して、何となく判り始めたのですが、〈自分にやって来た試練から逃げたり、誤魔化《ごまか》した生き様をして来た人〉には、特有の雰囲気がありますが、それが参加者のどなたにも微塵《みじん》も感じられませんでした！

つまり、下手な武芸愛好家には真似もできないような、至純至高な〈無の境地〉とでも言いましょうか、〈**真剣勝負**〉の澄みきったオーラが、皆さんから出ていてびっくりしました。これは、よほど日々、既成概念を切る、白紙の心になる〈智超法秘伝《ちちょうほうひでん》の術《すべ》〉を、実行されて来た恩恵だと思いました。

今回は、教室スタッフの方々にも率直に、まだ残っていた疑問をぶつけさせて頂き、何《いず》れも真摯《しんし》な、的確な回答を頂いて、これについても、ここでお礼を申し上げます。

　とにかく、八年前まではよく判りませんでしたが、これからは、スーレ、スーレと、光の源目指して、光のリズムで、人生後半戦を嬉しく、楽しく、偉大な知抄の光を魂に掲げて、共に歩みたいと思います。

　光の地球、新しい可能性にワクワクしております。今後も、ご指導のほどよろしくお願い致します。

（K・T）記

⑨ 実在の救い主、知抄の光の帳《とばり》の中
〈インテリ馬鹿〉を返上します

二〇一二年　八月　四日

第十回〈大地を受け継ぐ者〉講座に参加させて頂き、大変ありがとうございました。

貴重な光のビデオを見せて頂き、本当にありがとうございました。

十六日のセミナーが終わった前のビデオと、後のビデオが後の方が光が増しているのが、明確に良く判りました。（アカデミー教室での）朱と黄金と、ブルーの、想像もしていない実在

の光の降臨を見せて頂き、もう何もございません。

嬉しく、感謝と、喜びだけです。

〈はつらつ元気教室〉のビデオは、窓が黄金の金屏風《きんびょうぶ》のようにも見え、その中にピンクの綺麗な桜が咲いているようにも見えました。本当にこの世の景色ではないのですね。本当に綺麗ですね。これが光の地球、知抄の光の創造界の領域なのですね。

貴重な学びをありがとうございました。

何が何でも新しい地球に適応するよう、救い主、知抄の光に委ねて、光呼吸を本当に身に修め実践します。〈インテリ馬鹿〉を返上します。もう何もツベコベ申し上げません。感謝感謝で、救い主、知抄の光にすべてを委ねて、委ねて、従《つ》いて行きます。

（T・M）記

⑩

光と化した地球への期待と確信

救い主　知抄の光にすべてを託します

二〇一二年　八月　五日

実在する救い主知抄の光の証となる、貴重な門外不出の尊いビデオ五本を放映して下さり、ありがとうございます。

光と化した地球への期待と確信で、幸せ感が満ちてきます。

光呼吸も嬉しく身に修まり、自然に救い主、知抄の光と共に、こうして光の地球を歩めることが楽しいです。

実在する救い主、知抄の光の皆さまへの感謝が、絶え間なく、中からも外からも押し寄せてきます。

— 肉体マントを　光のマントへ —

天空より降下された、光の源直系の御使者、救い主、知抄の光、明るい黄金と朱の、煌《きら》めく、目映《まばゆ》い光。この美しい純粋な輝きを、もっともっと、我が魂にお迎えして、自らが〈光そのもの〉として、輝くよう研鑽します。今も思い出すだけでワクワクします。

日本列島の変容も、地球も、人類も、すべてが、この私の一瞬一瞬の〈光そのもの〉としての歩みに、託されていることが、光の子として課せられた嬉しい受け皿としての使命です。すべてが、良き方向へとお導き頂ける、救い主、知抄の光にすべてを委ね、希望溢れる、一呼吸一呼吸を、人間進化へと繋《つな》いで歩みます。

（G・A）記

⑪ 地の果てであったとしても 救い主 知抄の光に
私は 永遠《とわ》に従いて行きます

二〇一二年 八月 五日

昨日は最新の各教室、及び七月十六日に開催されたセミナーの黄金と朱の想像を絶する、実在する光のすごいビデオとお写真を見せて頂くことができて嬉しかったです。皆さんも私も輝いていました。

黄金の光、赤い光、青い光、緑、黄色、美しいブルーに輝く救い主、知抄の光の実在の威力は、景色までも変えることをはっきりと見せて下さいました。舞台上の人間が、透明になっていたり、黄金や赤色の中で、同化している姿は、不思議を通り越して言葉がありません。またまた人間の小さい頭で、救い主、知抄の光を捉えていたことに気付かされました。

〝知抄の光に不可能の概念なし〟

光の源からの啓示の言葉《ことは》を思い出しました。まだまだ人間の頭で判断しているだけであったことが、露呈《ろてい》されました。

月一回でも、お教室に通い続けて来たことが、どんなに今、有難いことであるかが良く判りました。たとえ、地の果てであったとしても、地球を救う、偉大な実在の知抄の光の存在と、この威力、そして恩恵を思い返せば、私はどこへでも、永遠《とわ》に従《つ》いて行きます……と、大声で叫んでいました。

帰りの新幹線の中で、本当に楽しくて「よし、やるぞ！」の思いが募り、時空を超えてあっと言う間に、京都に帰って来ました。

何故か、一九九五年の夏、ニューヨークで開催された《宇宙からのメッセージ〈光の落としもの〉写真展》の折、

光に熱き思いを　持つ者は
流されることはない

受託メッセージの言葉《ことは》が、知抄先生のお声と共に蘇りました。

（I・J）記

⑫ 頸部脊柱管狭窄症《けいぶせきちゅうかんきょうさくしょう》が治り
嬉しくて感謝でいっぱいです

二〇一二年 八月 五日

私は今、嬉しくて、嬉しくて、感謝・感謝の毎日を過ごさせて頂いております。

今、七十四歳になりますが、昨年二月、右臀部と右足ふくらはぎを、経験したこともない激痛に突然見舞われました。歩くことも困難な状態ですぐに病院へ行くと、頸部脊柱管狭窄症《けいぶせきちゅうかんきょうさくしょう》と診断されました。そして検査のため即、入院となったのです。

歩くと首に負担がかかるとの理由で、車椅子の生活になり、三週間後退院となりました。自宅に戻りはしたものの、一人では何一つできず、ベッドに横たわる日々となりました。

今までは、病気らしい病気とは無縁でしたので、筋力も弱まりこのままでは、本当に車椅子生活になるのではないかと不安が頭を過《よぎ》っておりました。

そういう状況の中で、昨年二〇一一年九月のことですが、妻が日産ギャラリーサッポロ銀座ビルで開催されている、〈地球を救う　知抄の光写真展〉に、私を連れて行ってくれたのです。

妻は、知球暦〈光元年〉の知抄先生のご本を読み、〈知抄の足蹟〉のところで、この写真展の開催を見つけたのでした。

〈地球を救う　知抄の光〉の写真展会場は、偉大なる知抄の光で満たされ、私は約十年近くのブランクなど忘れ、ここに今ある喜びと感謝の中にありました。一九九八年十一月三日、岩間ホールのセミナー会場のビルの上に、天空から知抄の〈十字の光〉が降下されている光のお写真の前に立つと、「よく帰ってきたね」と、おっしゃって下さっているようで、以前お教室で体験したように、写真の中の光が実在として輝きはじめました。「ありがとうございます」「ありがとうございます」と、何度も何度も五〇〇点近い、知抄先生目指して降下された光のお写真を見ながら、嬉しくなって、魂の奥から感謝の叫びをあげ続けておりました。

そして十年ぶりに、柿生の智超教室で学び始めました。

救い主　知抄の光
暗黒の地球をお救い下さい――　と

何も考えず、ただただ、偉大なる知抄の光に、すべてを委ねることを実践しました。そうはいっても、なかなか光に全託《ぜんたく》できず、すぐに人智が働きます。

知抄の光を浴びて浴びて、そして、頭も首も両手も足も良くなって行きました。

二〇一〇年 十月 十日は、知球暦の紀元ですが、刻々と地球が変わって行くのが日々判り、知抄の光に全託し、光呼吸を二十四時間実践し、〈救い主 知抄の光 暗黒の地球をお救い下さい！〉と、魂からの雄叫びをあげ、数え宇多のカセットテープも聴きながら、自分なりに実行実践しました。

そして一瞬一瞬、喜び・賛美・感謝の中にいることの大切さを判らせて頂きました。心身共に知抄の光の威力によって浄化され、元気を取り戻せたのです。

私にとっては、夢のようなあっという間の一年でした。今では、杖を使うことなく、駅の階段も昇り降りが普通にできるまでになりました。背筋も伸びました。私の狭窄症《きょうさくしょう》は一時、車椅子生活をも余儀《よぎ》なくされそうな状態で、歩行は勿論《もちろん》のこと両手を上げることができなくて、一人で洋服の着衣も困難な状況でした。今では一人で、どこへでも外出できます。

そして、サロン〈二〇一〉の特別の光場で開催されている、〈はつらつ元気教室〉に参加できるまでになりました。

知抄の光の威力に平伏《ひれふ》すとともに、光の源へ万感の思いで感謝と喜びを捧げます。

本当にありがとうございました。

（F・M）記

⑬ 各教室に降下されている　実在の光
この事実を前に　言葉なしです

二〇一二年 八月 十一日

実在する知抄の光を証する、貴重なビデオを沢山《たくさん》見せて頂き、ありがとうございます。

どのビデオも、人間の言葉では言い表せない内容ですが、光の道を歩む者にとっては、本当に貴重な学びとなり、どこにも有り得ない奇蹟のビデオでした。

特別に何か才能があるわけでもない、普通のおじさん、おばさんが、三次元の肉体を持つ人間として、カラフルに美しく、ノーブルに輝く、〈光そのもの〉になれること自体が、有り得ないことです。智《ち》超法《ちょうほう》秘伝《ひでん》を学ぶ各教室では、本当に光が現実に示され、この事実を前にして、もはやツベコベ言う言葉はありません。誰が見ても判る、実在の光の源の、救い主の、光そのものです。

救い主、知抄の光が、地上に降臨され、実在としての、その威力の恩恵は、それを、受け止める私達人間側の心の在り様で決まることが、一瞬で判るビデオでした。そこには、理論も理屈も、通用する余地はありませんでした。

光への熱き思いによって、人間の旅路の位置で、光の受容力が歴然と異なるということが、隠しようもなく曝《さら》け出され、その者の本当の姿を、突き付けられたと思います。

　このように素晴らしい光の恩恵を頂いても、この救い主、知抄の光を受け止められるのは、熱き思いで光を求める、人間側次第であることが鮮明でした。まさに〈自力救済〉であることを、改めて認識しました。

　今、振り返ってみれば、名古屋から漫然と通っている教室で、このようなすごい、光の源直系の救い主、知抄の光を浴びさせて頂けていたことに、本当に感謝以外ありませんでした。何度も〈インテリ馬鹿〉と言う言葉が、自ら内なる刃《やいば》となって出て来て、今日は、大いなる気付きとなりました。

　各教室に於て、そしてセミナー等で、智《ち》超法《ちょうほう》秘《ひ》伝《でん》を教わっておりましたが、秘伝の実践実行も、自分の既成概念の中でやっていたに過ぎず、〈光そのもの〉になったつもりに、勝手に思い込んでいたことにも気付きました。

仕事が忙しいからとか、三次元の肉体人間だから、そんなことを言われても……と、どこかで言い訳めいた、人間としての甘ったれた感情があったことも否定はしません。この様な今までの私の思考は、今回のビデオに証された実在の光の前では、全く何の意味も無く、通用しないことが判りました。

本当に地球が光と化し、本当に救い主、知抄の光で統一され、本当に瞬間瞬間、地球の光が増していることが、確信となりました。今まで学んだことは、すべて、本当に本当だったと信じていたことすら、少しも知抄の光に対しては、ほんの一片《いっぺん》すら本当だと思っていなかったのだと思いました。恥ずかしかったです。

如何《いか》にこの一瞬、一呼吸を、救い主、知抄の光にお願いし、〈光そのもの〉になり、自らが、光の地球に適応して行くしかないことが、今日こそ本当に判りました。自らの存亡が、本当にかかっていることが判りました。それも、もう大地に立つ足元が、ぐらついている時を迎えたことが判りました。

何度も教わって来た通り、本当に紛れもない自己責任、自力救済の、宇宙の法則下にあり、今更三次元の肉体人間が遠吠《とおぼ》えして、何を言っても届くこともない、遥か彼方に燦然《さんぜん》と輝く、救い主、知抄の光の威力と恩恵に、頭を垂れ平伏《ひれふ》すしかありませんでした。如何に自分が、既成概念に縛《しば》られ、〈光と化した地球〉を全く無視していたか、恥ずかしくて、恥じ入りました。

幼子の心になって、すべてを知抄の光に委ねます。

これからは、一瞬一瞬、己れの魂の光と共に、救い主、知抄の光を求め切望し、三次元の肉体を出て〈光そのもの〉として、新たに生まれ変わり、瞬間再生する生き様《ざま》を、実践する決意が湧いてきました。

ここまでのお導きに、感謝のみです。

（S・F）記

⑭ 何が起ころうと、光の源の生命《いのち》の光

救い主　知抄の光に委ねるだけ!!

二〇一二年　八月　十二日

昨日は、〈光生命体に成る〉講座に出席させて頂き、そして、ものすごい実在の証である、救い主、知抄の光のビデオを見せて頂き、本当にありがとうございました。

改めて、光次元の光場に、教室自体がなっていることが、よく判りました。この恩恵に感謝しかありません。

〈第一土曜日〉の教室の映像が映し出された時、明るくてカラフルで、そこに居る各人の心地良さが、純粋な幼子のようで、まる

で保育園の幼子のように感じました。水色・黄色・緑色・桃色・紫色・青色・赤色と、見るだけでも楽しくなる色彩でした。

　身体が膨張し、３Ｄのように人間が発光しているように見えます。皆様のお顔も輝いていて、誰が誰だか全く判らない程の変容でした。

〈**はつらつ元気教室**〉は、シニアの方々が参加されていて、とても明るく、入室されるお一人おひとりが、即〈光そのもの〉に引き上げられ、瞬間でお姿が変容されるのがよく判りました。

　床の上に降りている光が、まるで海のさざ波のように、また、星の瞬《またた》きのように輝いて見えました。こんなにすごい所に居させて頂けるだけで、病気がすぐ治ることも納得でき、実在する生命《いのち》の光の源、救い主、知抄の光は、本当に光を切望すればお救い下さる、救い主様であることが鮮明に証されている、偉大な光の降臨でした。ここまで学んで、従いて来られたことの有り難さが身に沁みて判り、自らの傲慢《ごうまん》さを恥じ入りました。

七月二十二日の〈**アカデミー教室**〉のビデオは、この世のものとは思えませんでした。目に入ったのは、真紅の色鮮やかな光の色彩でした。天井も真紅、背後の壁も、床も黄金と真紅に輝き、正面に置かれている机と椅子も輝いておりました。天界か、本当にこれこそ正《まさ》しく、竜宮城《りゅうぐうじょう》なのではないかと思いました。ビデオ撮影用に空けた中央の通路は、異次元というか、光次元なのでしょう、参加した両脇に座す方々の、足も、手も、透けてしまう様《さま》を見せて頂きました。

本当に参加者全員が、肉体マントを光のマントに変えて頂き、

〈光そのもの〉に引き上げて頂いていました。まさに地球がどんどん加速度的に光が増し変わっていることを、肉眼で見せて頂きました。今まで、無知ゆえの私の不遜《ふそん》さを心からお詫びしながら、固唾《かたず》をのんで見入りました。今日見せて頂いたビデオで、さらに、

実在する　救い主　知抄の光に
すべてを　委ねるしか
人間には　もはや　為す術《すべ》がない

ことが判りました。これから周囲で何が起ころうと、救い主、知抄の光を魂に掲げ、前だけ見て、光の源目指して進んで行こうと思いました。

最近見つけた記事の中に、中国のオリンピック選手が「メダルだけがすべてではない」と、言い始めているということでした。メダル至上主義の中国にあって、「メダルの為だけに毎日があったが、他の国の選手のように、競技を楽しむことの大切さを初めて知った」と、いうような内容でした。

私は、中国にも、光を放ち、注いでおりますが、このようなニュースを見ると、兆《きざ》しはわずかでも、知抄の光の大いなる御力により、変わり始めていることが判り、本当に嬉しくなりました。

（N・K）記

⑮　瞑想も　実在の光と　共でなければ
　型だけの瞑想は　無意味でした
　　二〇一二年 八月 十三日

今日、久しぶりにサロン・ド・ルミエールに入室させて頂き、瞑想させて頂きました。感謝以外言葉もございません。

胸の奥に意識を置いて座し、

救い主　知抄の光

暗黒の地球をお救い下さい― と、

すべてを委ね瞑想に入りました。胸がどんどん温かくなり、そのうち、光の玉の中に包まれて、深い静謐《せいひつ》の中にいる様で不思議な感覚でした。

そして、胸の温かい光からは、指先までジンジンと熱感が巡ってきて、どんどん身体が熱くなり、感謝と喜びに打ち震え、涙が自然に頬を伝っていました。

瞑想も　実在の光と共でないと

無意味である……

とのメッセージの言葉《ことば》が自然に浮かびました。今まで、私は、何をしていたのか？　と、大いなる気付きを頂きました。瞑想について、今日、このメッセージの真意を体験と共に、体得できました。こんなすごい瞑想は初めてでした。

そして、自らの存亡をかけて、**〈この今という一瞬を〉**生ききる覚悟を頂きました。もっともっと研鑽《けんさん》致します。

（Y・M）記

⑯ 時間を超越した体験
これからは、知抄の光に委ねます

二〇一二年 八月 十五日

終戦記念日の今日、サロン・ド・ルミエールに入室させて頂き、救い主、知抄の光に感謝を捧げて、魂の奥へ奥へと、光の源へ向かいますと、身体が灼熱化し、宙を自由に飛び回っているような気がしました。有り難くて、嬉しくて、アッという間に終わっていました。と言いましても、実際にはかなり長い瞑想をしていたようです。全く時間を超越するとはこのことか――と、納得できた体験でした。

今までの私は、ああでもない、こうでもないと自己評価していたことに気付きました。知らず知らずのうちに、人間智の思考を巡らして、三次元の肉体に戻り、闇の中にいつも居ることにも、全く気付いていなかったのです。

これだけ救い主、知抄の光を求め、熱き思いで実践してやっているのに、何で〈光そのもの〉で居れないのか、どうやれば肉体を出て光へ行けるのか？……と。もがいて、もがいて、自問自答を三次元の肉体の思考の中で、堂々巡りをしていたのでした。

頭の中に色々な雑念が出てきたら、魂の奥に降臨されている救い主、知抄の光にそれを捧げて、白紙の心になれるのでした。救い主、知抄の光に、喜びと、賛美と、感謝を捧げ、共に光へと引き上げて頂けるのでした。それなのに、何をやっていたのか……。

光と共にいれば、〈光へ行きつ戻りつ〉が、自由自在にできるのです。自己評価して、私は、実践が足らないと思い込んでは反省しておりました。日々の生活の中での寸暇《すんか》をも惜しんで、鍛錬を続けて行かねば、と思い込んでもいました。すべてが捉われでした。既成概念でした。人間の思考でした。本当に学んだ通りに、素直に受け止めれば、こんな遠回りをしなくて良かったことが良く判りました。

全くすべてが、私の肉体人間の、三次元の思考の闇の中で、〈インテリ馬鹿〉の思考人間の典型的な、見本であったことが、今日こそ身に沁《し》みました。

救い主、知抄の光で統一された地球です。

〈魂の光〉と共に、救い主、知抄の光にただ、ひたすら、〈委ねる〉だけでした。

魂の奥へ奥へと、光の源に向かって、知抄の光と共に、熱き思いで、前だけ見て、光だけ見ていれば、この地球に適応できるよう、すべて良き方へと、誘《いざな》われるのです。何か、今まで、全身に力を入れて、コチコチになって、少しも前へ進んでいなかったのではないかと思えたほど、大きな気付きを賜りました。これからは、必死でなく〈ゆったり〉した気持ちで、このシンプルな学びを勝手に、自己流に難しくしないよう、実行して従《つ》いて行きます。

（T・T）記

⑰ 福島県の山奥に住む姉を訪ねたら「人間が地球を汚してしまったからね」―と

二〇一二年 八月 十七日

いつも愛に溢れる、知抄の光をありがとうございます。

十四日、十五日、十六日と、福島県の山奥に、一人で住んでいる姉の所に行って来ました。

ありがたいことに、この辺は、福島第一原発の影響を受けていないようです。姉は、平家の落人が祖先ではないかと言われていた古家を十数年前に譲り受け、横浜から移り住みました。環境がとても気に入ったようです。

水道もなく、ガスもない生活です。飲み水は湧水《わきみず》を、生活水は川の水を引いて使っています。冬は管が凍ると水が出なくなったりします。暖は薪《まき》で取ります。今年の冬は大雪で、屋根の上までの高さの雪が、五月まで残ったそうです。

姉の家から民家のある下へ降りるのに、車で十五分、歩くと約六キロもあり、一時間位かかります。今年はアイスバーンの道路で滑り、車が崖から落ちかけてしまったそうです。子熊もたまに道を横断したりしていて、日常の生活も命がけです。

私もここに来ると、本当に心が落ち着き、口にする食べ物すべてが美味しいのです。ここでは、同じ景色の日はないとのことです。寡黙《かもく》な姉は、

「人間が、地球を、汚してしまったからね」

と、ボソッと言いました。

ここでは自然が人間に愛を下さり、人間を守り、人間が自然を敬う、人間の原点の生活があるように思いました。今の私の生活が、なんと贅沢三昧《ぜいたくざんまい》に明け暮れた、傲慢《ごうまん》な、王侯貴族の生活であることがよく判りました。

姉に郡山の布引風《ぬのびきかぜ》の高原に連れて行ってもらいました。標高約一千メートルの高原で、磐梯山、猪苗代湖が一望できる絶景の場所です。ここに、国内では最大級と言われる、風力発電所がありました。広大な高原に、高さ約百メートルの風車が三十三基、ひまわり畑、そば畑、キャベツ畑等々の間に、点在していて圧巻でした。

約三万五千世帯の、年間消費電力量を作り出しているとのことです。風車はドイツ製、総事業費は、約百二十億円で、民間会社がやっているようです。このようなクリーンエネルギーを作り出すのには、かなりの経費がかかることを知りました。

温泉も堪能し、とても良い夏休みを過ごすことができました。行き帰り、東北道を高速バスで行きましたが、お盆休みにも関《かか》わらず、さほど遅れることもなく、スムーズに行って、帰って来ることができました。とても楽しい夏休みでした。

知抄の光、ありがとうございました。

（T・M）記

⑱

火曜日　サマディのお教室で
〈本当の自分〉に出逢える嬉しさ

二〇一二年 八月 二十二日

おはようございます。今日は、とても気持ちよく、嬉しく、楽しく、感じる朝を過ごしております。昨日の火曜日は、〈サマディ教室〉に出席し、初めて〈智《ち》超《ちょう》法《ほう》気《き》功《こう》〉の五式を学びました。実技のシェイクアームをしていると、子供の頃に無我夢中で漕ぎ続けた、ブランコで遊んでいた頃の自分になっていました。空に近付くほど、大きく漕《こ》いで、飛び立つような気持ちであったことが、思い起こされ嬉しくなりました。

毎週こうして、お教室で教えて頂くたびに、今まで眠っていた〈本当の自分〉と出逢えることが、嬉しくて、智超法秘伝《ちちょうほうひでん》の〈数《かず》え宇多《うた》〉を、うたう自分の笑顔を鏡に見つけ、さらに喜び、賛美、感謝を捧げずにはいられませんでした。

〈知球暦　光元年　光の源の大計画　Ｐａｒｔ１〉を、最初読んでもよく判らなかった内容が、今では、その時パッと開いたページを、何度も読むことで、お教室でのお話と結びついて、多くの貴重な気付きを頂いております。

お教室に伺うようになってから、周囲の方々からは、親切によくして頂くことばかりです。私は、今までよりずっと楽な気持ちで、〈本当の自分〉と向き合う時間が増えました。

今まで、長い人生で被《かぶ》っていた、埃《ほこり》だらけのお荷物を、一つずつ降ろして頂いています。
救い主、知抄の光に、今世で出逢えたことに、万感の思いを込めて、喜びと賛美と感謝を捧げます。これからも、光の源目指して一歩でも、前に進める私でありたいと願います。

（I・K）記

⑲

私が学び〈光に変わる〉と
主人も　父も　変わりました

二〇一二年　八月　二十二日

いつもありがとうございます。八月十六日土曜日、ファミリー教室に参加して以来、主人は、〈智《ち》超《ちょう》法《ほう》気《き》功《こう》〉の一式目のオーバーシャドウやソフトボディまでも、一緒にやってくれる様になりました。数《かず》え宇《う》多《た》のカセットテープも、私が聴く時に、共に耳を傾け、少しずつ聞いてくれています。本当にものすごい変化です。

この間のファミリー教室に参加して、本当に主人の今までのすごい闇を照らして、クリーンにして頂いたことを確信しています。

私が、魂の光輝への道標《みちしるべ》、〈智超法秘伝《ちちょうほうひでん》〉を学び始めた五年前、〈宗教〉であると、とんだ思い違いされ、主人や両親の猛反対に遭《あ》った、あの頃からは考えられない変容です。

今では、健康に良いと、私の父までもが、毎日〈智超法気功《ちちょうほうきこう》〉の実技の一つである、オーバーシャドウを、熱心に実践している有り様《さま》です。

私自身が闇を克服することで、周りの家族が変わってしまったのを実感しました。理論や理屈の言葉で、相手を変えるのではなく、自分が〈光そのもの〉に変わることでした。いつも〈光へ行きつ、戻りつ〉が自由自在にできるよう、研鑽《けんさん》してまいります。

（K・R）記

⑳ 光呼吸の恩恵と数《かず》え宇多《うた》に感謝を‼

二〇一二年 九月 十日

昨日は、〈光呼吸〉をしっかりと学ぶ機会を頂き、本当にありがとうございました。

人智を超えた恩恵を賜り、〈光そのもの〉に引き上げて頂き、身体も心も浄化され、多くの学びと気付きを頂き、一歩前へ進めました。言葉で言い尽くせないほどの、感謝の気持ちで一杯です。

大阪に戻って来ても、光呼吸を意識し続けていると、身も心も軽やかで、捉われがなくなり、目の前の出来事に感情を動かすことなく、ひたすら光と共にあることができるようになりました。

本当に昨日、サロン二〇一で特訓して頂く前と、別人に変わっていることが判ります。如何に日頃の自分が、既成概念に捉われて、カチコチになって、三次元の肉体人間のままで、毎日を送っていたかが判りました。

光呼吸を自然呼吸のように、一瞬一瞬続けることによって、自分がどんどん変わっていく、そのことに今は、もう嬉しくて感謝が止まりません。自己流の既成概念の怖さを知りました。

そして、〈数《かず》え宇《う》多《た》〉をうたうと、知抄の光を知らない方達へ向かって、子守唄を歌っているような感じがします。

知抄の光の、地球人類への愛が感じられ、とても優しい気持ちになり、感謝が込み上げ、感動が湧き上がって来ました。

いつもいつも、幸せな気持ちで、こうしていられるように、一瞬一瞬、知抄の光を求め、決断し、委ねてまいります。

もっともっと感謝を深め、深めて、私も人類の先頭に立って、光の子として、もっともっと輝きます。

私の数え宇多《かずうた》が、知抄の光の水辺に届きましたら、どうぞ十月八日の横浜で開催される、みらいホールのセミナーの舞台で、共にうたわせて下さいませ。よろしくお願い申し上げます。

（S・A）記

光の源よりのメッセージ

素晴らしき仲間のうた

光の古里《ふるさと》　後にして
地上目指して　幾世層
地球浄化の　礎《いしずえ》と
素晴らしき仲間　今ここに
光の剣《つるぎ》を　共に抜き
結びし誓い　熱き思い

輝く光に　全て捧げ
素晴らしき仲間　ここに集う

揺るぎなき心　蘇《よみがえ》る
平和のために　生命《いのち》注ぐ
全てを照らして　進む道
素晴らしき仲間　光の友

一九九五年　九月　十七日　受託

あとの言葉《ことは》

かごめ　かごめ
籠《かご》の中の鳥は
いつ　いつ　出やる
夜明けの晩に
鶴と亀がすべった
後ろの正面だあれ

皆さん、この童唄《わらべうた》を、ご存知のことと思います。

この〈後ろの正面〉こそ

幾世層かけて準備を重ね、今地上に降下され在る、光の源直系の御使者、燦然《さんぜん》と輝く目映《まばゆ》い、かつて地上に降りたことのない光の源の光

偉大なる救い主　知抄の光です

妖精を生み出し、光の子・光人を駆使し、闇を焼き尽くす救い主、知抄の光の威力は、透明感のある真紅と、至純《しじゅん》な黄金の温もりある、暖かい愛そのものです。

私達は、魂の光輝を目指し、人間進化の道を、智超法秘伝《ちちょうほうひでん》によって各教室で、無造作にスポーツ感覚で学び実践し、体得してまいりました。

光へ行きつ戻りつが、自由自在にとまでは行かないまでも、ワクワクするような、地球人類がまだ歩いたことのない未知なる光の道を、光の源に向かって進んでいます。

知抄先生は、一九九六年八月十六日のセミナーで、舞台上に十分程、瞑想中にお姿をお見せになられた後、人々の前には、出ることができなくなられて、今日に至っております。

知抄先生御自身も、人間界に在りながら、光人以外のお方とは、全く会話すらできない状況が続いておられます。

それでも各教室は、いつでも、救い主、知抄の光が満ち溢れ、皆さんの喜びの声に満ちて、心身共に浄化された色白お肌と、元気はつらつ、若返りを喜び合っています。

頭がおかしくなったり、病気になられるお方もおられます。これ等の現症を〈**次元不適応症候群**〉と私達は呼称しています。

智《ち》超《ちょう》法《ほう》秘《ひ》伝《でん》の学び場〈**智超教室**〉で、不治の病と診断された膠原《こうげん》病、筋萎縮症、末期癌等から、生還された方々がおられるのも事実です。〈**病は幾重にも綾《あや》なす闇の仕業《しわざ》**〉、各人各様の生き様により異なりしもの故に、病気治しを私達は目的としてはいません。魂の光輝を目標に、共に学び、共に歩んでいます。

これから目の前で、何が起ころうとも、光への熱き思いと白紙の心で、救い主、知抄の光を求める意思を皆さんが表示さえすれば、必ず知抄の光は、光人を通じて光へと引き上げて下さいます。

頭で考える前に、まず数え宇多《かずうた》をうたい、救い主、知抄の光の威力と恩恵を受け止められるよう、楽しく、嬉しく過ごしましょう。そして、喜びと、賛美と、感謝に満ちる、光と化した地球の新人類になりましょう。

二〇一二年 九月 十五日

光人〈ヒカリビト〉記

智《ち》超《ちょう》法《ほう》秘《ひ》伝《でん》 教室案内

光の地球　永遠なる　光の源への道しるべ

〈智《ち》超《ちょう》教《きょう》室《しつ》〉・〈智《ち》超《ちょう》法《ほう》気《き》功《こう》〉

第1・3（日）	〈研修科〉　智超教室　（許可） 神宮外苑 フィットネスクラブ サマディ 11：00〜12：20　03(3478)1455
第1・3（日）	智　超　教　室　（四ッ谷・東京）　（選抜）
第1・3（日）	高級内丹静功法（四ッ谷・東京）　（選抜）
第2・4（日）	智超法秘伝 実技講座　（教室10年以上在席者） アカデミー会館　（横浜）　（許可）

〈大地を受け継ぐ者〉講座　（光の子・光人）

第1土	サロン・ド・ルミエール 201・(301)　（瞑想）

〈光生命体に成る〉講座　（地球浄化の礎の光）

第2土	サロン・ド・ルミエール 201　（選抜）

☆　岩間ホール、みらいホール、アカデミー会館、サロン・ド・ルミエールにて 随時セミナーを開催

連絡先：　サロン・ド・ルミエール　　FAX 045(332)1584
横浜市保土ヶ谷区帷子町1-3　インテリジェントビル201

又は　〒220-8691　横浜中央郵便局　私書箱　第145号
智超教室 宛

魂の光輝　光への道しるべ
智《ち》超《ちょう》法《ほう》秘《ひ》伝《でん》　教室案内

〈智《ち》超《ちょう》教《きょう》室《しつ》〉・〈智《ち》超《ちょう》法《ほう》気《き》功《こう》〉

月	蒲田産経学園 12：20〜13：50　☆	03(3733)1585
月	神宮外苑 フィットネスクラブ サマディ 19：00〜20：00　（大人）	03(3478)1455
火	神宮外苑 フィットネスクラブ サマディ 13：30〜15：00	03(3478)1455
水	蒲田産経学園 13：00〜14：30　☆	03(3733)1585
水	スポーツクラブ ルネサンス 天王町 （横浜） 18：40〜19：40　（大人）	〈智超法気功〉 045(333)3737
金	神宮外苑 フィットネスクラブ サマディ 19：00〜20：00　（大人）	〈智超法気功〉 03(3478)1455
土	柿生スタジオ （小田急線 柿生駅より徒歩２分） 10：10〜11：30　☆	045(332)1584

〈親子教室〉
第１・第３（日） 10：00〜10：45　☆

〈ファミリー教室〉
第３（土）　11：00〜12：20　☆（当日受付可）
神宮外苑 フィットネスクラブ サマディ

☆ どなたでも０歳から年齢に関係なく参加できます。
直接、事務所にお問い合わせの上、ご参加下さい。

1995年12月1日　〈 Salon de Lumière 〉
サロン・ド・ルミエール　オープン
地球を救う〈 礎の光 〉養成始まる

1996年 2月10日　救い主の御魂であることを
告知される（大許山にて）

1996年 7月11日　救い主 知抄の光の降臨

1997年 3月・1998年3月・1999年3月
地球を救う〈 知抄の光 〉写真展
銀座4丁目角　日産銀座ギャラリー

2001年 4月22日　地 球 は 光 と 化 す
☆ 人類の思考が停止し 始める

2010年10月10日　地 球 は 知 抄 の 光 で 統 一
知 球 暦　紀 元 光 元 年

2011年 7月20日　光の源の大計画 Part 1
知球暦 光 元 年 出版

2011年9月18日～9月25日
地球を救う〈 知抄の光 〉写真展
日産ギャラリー　サッポロ銀座ビル

2012年10月10日　地 球 は 知 抄 の 光 で 統 一 成 る
知 球 暦 光 3 年 を迎える

2012年11月20日　光の源の大計画 Part 2
知球暦 光 三 年 出版
☆〈人類の思考が停止する日〉

☆　URL： http://www.chi-sho.com/

≪ 知抄　光の足蹟 ≫

1989年　　万里の長城にて、啓示を受ける

1990年　　智超法秘伝と知抄の名称を受託

1990年10月　〈 智超法気功 〉教室開講

1990年10月　智超法秘伝　第１巻 気で悟る
〈 気 功 瞑 想 法 〉出　版

1990年11月　天目開眼功法　智超法秘伝　初公開
グラスゴー市、ロイヤルコンサート
ホールに於て（ イギリス ）　**（光になる）**

1991年 5月　智超法秘伝　公開表演
ソルトレイク市　キャピタルシアター
に於て（ アメリカ ）　**（光になる）**

1991年11月　智超法秘伝　公開表演
ボルドー市　アンドレ・マルロー
劇場に於て（ フランス ）　**（光になる）**

1992年 3月　智超法秘伝　本邦　初表演
丸の内、日本工業倶楽部に於て
（光になる）

1993年 3月　智超法秘伝　公開表演
丸の内、日本工業倶楽部に於て
（光になる）

1995年７月31日～８月12日
宇宙からのメッセージ、光の写真展開催
ニューヨーク日本クラブギャラリーにて

知球暦　光三年
光の源の大計画 Part 2
人類の思考が停止する日

2012年11月20日　初版第１刷発行
2013年１月25日　初版第３刷発行

著　者／知　抄
発行者／韮澤 潤一郎
発行所／株式会社たま出版
〒160-0004 東京都新宿区四谷4－28－20
☎03-5369-3051（代表）
http://tamabook.com
振替　00130-5-94804
印刷所　株式会社エーヴィスシステムズ

ISBN978-4-8127-0356-4　C0011